C·H·Beck

PAPERBACK

W0083086

Julia Onken

Mit dem Herzen der Löwin

Warum Frauen ihr Selbstbewusstsein verlieren
und wie sie es zurückgewinnen

C. H. Beck

Eine erste Fassung dieses Buches erschien im Jahr 2000 im
C. Bertelsmann Verlag unter dem Titel «Herrin im eigenen
Haus. Weshalb Frauen ihr Selbstbewusstsein verlieren und wie
sie es zurückgewinnen». Für diese Ausgabe wurde der Text
völlig überarbeitet und zum Teil neu geschrieben.

© Verlag C.H.Beck oHG, München 2018
Satz: C.H.Beck.Media.Solutions, Nördlingen
Druck und Bindung: Druckerei C.H.Beck, Nördlingen
Umschlaggestaltung: Geviert, Grafik & Typografie,
Anna Schaumberger
Umschlagabbildungen: © Getty Images/Knape (Frau);
© Getty Images/Jeremy Woodhouse (Löwin);
Gedruckt auf säurefreiem, alterungsbeständigem Papier
(hergestellt aus chlorfrei gebleichtem Zellstoff)
Printed in Germany
ISBN 978 3 406 72745 0

www.chbeck.de

Inhalt

Vorweg

Als ich vor 20 Jahren das Buch «Herrin im eigenen Haus. Weshalb Frauen ihr Selbstbewusstsein verlieren und wie sie es zurückgewinnen» geschrieben hatte, ging ich davon aus, dass sich vieles im Umbruch befinde und wir bald dort ankommen, wo wir hingehören, und erreichen, was uns zusteht: rundum gleichberechtigt zu sein. Das war ein Irrtum. Die Faktenlage ist kein Grund zur Freude, im Gegenteil. Je länger ich mich damit auseinandersetze, umso deutlicher enthüllt sich mir allmählich das Drama «Frausein» in seiner ganzen Tiefendimension – was es bedeutet, eine Frau in dieser Gesellschaft zu sein.

Es gibt Frauen – vor allem jüngere –, die können diese Problematik nicht erkennen. Sie fühlen sich selbstsicher, wählen den Beruf oder ein Studium, das ihrer Neigung entspricht, bestimmen über ihr Leben und fühlen sich in keiner Weise benachteiligt oder gar diskriminiert. Das ist erfreulich und heißt immerhin, dass sich für einige, wenn auch nur für wenige, eine Veränderung abzuzeichnen beginnt. Aber leider hat sich das noch nicht in allen Kreisen niedergeschlagen, und es gibt also keinen Grund, die Hände zufrieden in den Schoß zu legen und zu sagen: «Emanzipation ist nicht mein Ding. Danke, mir geht es gut. Mein Mann. Mein Kind. Mein Haus.» Gerade wenn wir bereits einiges für uns selbst erreicht haben, sollten wir uns den Blick aus der eigenen Wohlfühlperspektive nicht trüben lassen. Wirksamer wäre es, achtsam darüber zu wachen, dass bereits Erreichtes nicht verflacht oder gar in den alten Zustand zurückkippt. Deshalb war es mir ein Anliegen, das Buch «Herrin im eigenen Haus» nochmals gründlich zu überarbeiten, die vielen Gespräche und Diskussionen, die ich inzwischen mit Frauen geführt habe, einfließen zu lassen, thematisch zu ergänzen und zu vertiefen.

Dass die Auseinandersetzung mit der Frauengeschichte nicht einfach ist, weiß ich aus eigener Erfahrung. Bei jedem erneuten Umpflügen der eigenen Biografie entdeckte ich unbearbeitetes Ackerland. Hätte ich nicht die Möglichkeit gehabt, mich in kleinen Schritten zu nähern, wäre es schwierig geworden, dem Ausmaß der vielen erlittenen Kränkungen und Verletzungen zu begegnen und diese aufzuarbeiten. Zudem musste ich zuerst einen Kreis von Frauen um mich wissen, von denen ich mich in schmerzlichen Momenten der Bewusstwerdung begleitet fühlte. Damit wir uns recht verstehen: Ich war als Mädchen weder männlicher Gewalt ausgesetzt, noch habe ich sexuellen Missbrauch über mich ergehen lassen müssen. Ich spreche von den ganz alltäglichen Verletzungen, von den «selbstverständlichen» Verstümmelungen, die sich in aller Öffentlichkeit abspielen. Ich erinnere mich, als ich an einem Sonntag Christa Mulacks Buch «Das Mädchen ohne Hände»[1] las. Hinterher kotzte ich die ganze Nacht.

Einige Autorinnen haben bei mir Hebammendienst geleistet und mir geholfen, Abgeschobenes, Ausgegrenztes in mir freizuschaufeln und wieder ins Bewusstsein zu bringen. Sie sind meine engsten Vertrauten, meine Freundinnen – auch wenn ich sie persönlich nicht kenne. Und jene Frauen, mit denen mich zum Teil eine jahrzehntelange innige Freundschaft verbindet, haben mir unendlich geholfen. Ich habe mich dank ihrer Begleitung auf den Weg machen können, um mich mir wieder anzunähern und zu mir zurückzufinden. Manchmal irrte ich im Kreis oder ging im Zickzackkurs. Immer aber fühlte ich mich von weiblichen Helferinnen beschützt.

Ich weiß also, dass innere Heilung vorwiegend durch die Begleitung anderer Frauen möglich wird. Nicht weil ich den Mann ausgrenzen will, sondern weil der Mann einen grundsätzlich anderen Erfahrungshintergrund mitbringt und er sich durch die oft heftig ausbrechende Wut, die der Dominanz und Herrschaft der Männer über die Frauen gilt, persönlich angegriffen fühlt und sich als Verursacher erlebt – auch wenn er sich in seiner persönlichen Lebensführung von patriarchalem Gehabe weit distanziert. Schließlich gibt es viele Männer, die durch das Patriarchat selbst schwer geschädigt, gedemütigt und gekränkt wurden, denen die Auseinandersetzung ein mindestens ebenso großes Anliegen ist. Aber sie haben eine andere Geschichte, denn sie gehörten trotz allem immer dem Geschlecht der Sieger an. Und vielleicht ist es auch gut, wenn wir uns zunächst geschlechtsspezifisch in den eigenen Reihen auseinandersetzen, uns gegenseitig schwesterlich begleiten und unsere Verletzungen aufarbeiten. Nicht um auf eine Geschlechtertrennung hinzustreben, sondern um letztlich eine echte gleichberechtigte Partnerschaft anzustreben, frei von biografischen Rückständen und Überlagerungen.

Weil mir aus meiner eigenen Biografie bewusst geworden ist, wie wichtig Frauen für Frauen beim Verarbeiten seelischer Verletzungen sind, ist es mir ein Bedürfnis, dasjenige, was ich an Zuwendung und Hilfe erfahren habe, an andere Frauen weiterzugeben. Mein Ziel ist es, aufzuzeigen, was dazu geführt hat, dass wir unser Selbstbewusstsein, unser Selbstwertgefühl und die Fähigkeit, uns selbst zu behaupten, verloren oder teilweise eingebüßt haben, und was wir tun müssen, um alles zurückzugewinnen.

Noch etwas: Ich will mich als Verfasserin dieses Buches mit meinen eigenen Erfahrungen zu erkennen geben. Dazu zählen meine Unzulänglichkeiten, mein Bemühen und Ringen, Erkenntnisse in Handlungen umzusetzen. Dies schließt selbstverständlich auch das Eingeständnis ein, etwas theoretisch begriffen zu haben und trotzdem immer noch in alten Mustern herumzutappen. Auch das gehört dazu.

Zurück zum Anfang

Der wunde Punkt

Mangelndes Selbstbewusstsein hat viele Gesichter. Die meisten Frauen kennen das Gefühl der Verunsicherung, das sich auf verschiedenste Bereiche erstreckt und sich oft nicht klar umreißen und benennen lässt. Mangelndes Selbstbewusstsein zeigt sich darin, dass Frauen ihre Fähigkeiten anzweifeln und nicht wagen, ihre Talente und Begabungen zu entwickeln und umzusetzen. Mangelndes Selbstbewusstsein zeigt sich darin, dass Frauen in toxischen Beziehungen ausharren, sich wie besessen um Verbesserung und Auseinandersetzung kümmern, einen Krisenmarathon nach dem anderen durchstehen und immer noch davon überzeugt sind, etwas falsch zu machen. Mangelndes Selbstbewusstsein zeigt sich darin, dass Frauen ihr Bestes geben und dafür das Geringste an Lob, Anerkennung und Lohn erhalten und diese Unverhältnismäßigkeit von Aufwand und Ertrag noch als gerechtfertigt hinnehmen. Mangelndes Selbstbewusstsein zeigt sich aber auch darin, dass Frauen höchste Leistungen erbringen und dennoch an ihrer Kompetenz zweifeln. Es zeigt sich im Hin- und Herpendeln zwischen Größenfantasien, alles schaffen zu müssen, alles im Griff zu haben, und andererseits einem abgrundtiefen Unwerterleben, zu nichts zu taugen. Es zeigt sich darin, dass Frauen oft in einem Begabungsstau gefangen sind, nicht mehr hinausfinden und entweder unter chronischer Unzufriedenheit leiden, gar depressiv werden oder eine eigenartige und oft irritierende Selbstüberschätzung an den Tag legen.[2] Es zeigt sich aber auch im unermüdlichen Streben nach Perfektion, sei es einer perfekt funktionierenden Familie, der perfekten beruflichen Performance oder dem steten Drang, einen perfekten Körper zu erlangen.[3]

Mangelndes Selbstbewusstsein zeigt sich darin, auf altbewährte weibliche Strategien zu setzen, den Körper zu bewirtschaften und gewinnbringend einzusetzen. Sei es, indem sich die Frau mittels körperlicher Attraktivität einen höheren Status via Partnerschaft aneignet oder sich einer Vermessung ihrer Leiblichkeit aussetzt – wie das in den sozialen Medien und in TV-Sendungen zelebriert wird. Der große Andrang junger Frauen, deren höchstes Ziel es ist, sich vor laufender Kamera begutachten zu lassen, zeigt, wie gering das Gefühl von Selbstachtung entwickelt ist. Dahinter steckt eine tief sitzende Verunsicherung über den eigenen Selbstwert.

Mangelndes Selbstbewusstsein kann sich aber auch darin zeigen, nach außen Stärke, Autonomie und Selbstsicherheit stets flott zu demonstrieren, von niemandem Hilfe zu erwarten oder gar in Anspruch zu nehmen. Denn oft ist das nur die Kehrseite der Verunsicherung über den eigenen Selbstwert. Und schließlich dokumentiert sich mangelndes Selbstbewusstsein darin, dass Frauen den Mund halten, die Zähne zusammenbeißen und denen, die es wagen, die Dinge offen beim Namen zu nennen, in den Rücken fallen, statt selbstsicher und selbstbewusst ihre Meinung zu vertreten und zu kämpfen. Frauen, die unter mangelndem Selbstbewusstsein leiden, sind also durchaus normal. Sie entsprechen der Norm.

Für einige Frauen klingt das fremd, beinahe beleidigend, schließlich erleben sie die Welt ganz anders. Sie wollen mit Feminismus und Frauenbewegung nichts zu tun haben oder aber definieren sie neu: Der alte Feminismus sei Schnee von gestern, ihnen stehe heutzutage die Welt offen, sie könnten jeden Beruf erlernen, jedes Studium absolvieren. Die Frau von heute sei selbstbewusst, einer erfolgreichen Karriere stehe nichts mehr im Wege. Theoretisch ist gegen diese Argumentation nichts einzuwenden, zumal sie höchst erstrebenswerte Ziele beschreibt. Die Realität sieht indessen anders aus. Wo sind die erfolgreichen Frauen, die in der Lage sind, locker vom Hocker Beruf und Familie problemlos unter einen Hut zu bringen? Wo sind die taffen Frauen, die Einfluss auf die gesellschaftliche Entwicklung ausüben? Wo sind die Frauen, die sich aufgrund ihrer Intelligenz und ihrer Kompetenzen einen lukrativen Posten ergattert haben? Wo sind die Frauen, die eine Vom-Tellerwäscher-zum Millionär-Karriere hingelegt haben? Wo sind die einflussreichen CEOs, Managerinnen und Konzernchefinnen, die dank ihrer Machtposition ihren Geschlechtsgenossinnen den Steigbügel hinhalten können? Es sind wenige. Wahrscheinlich fallen uns einige Namen dazu ein. Schauen wir aber genauer hin, sind es lediglich vereinzelte Fälle, und in unbarmherziger Deutlichkeit sichtbar wird das weibliche Grundthema: defekter Selbstwert und als Folge davon mangelndes Selbstbewusstsein. Und daran hat sich kaum etwas geändert.

Rückbau – so wird's gemacht

Mangelndes Selbstbewusstsein ist nicht etwa angeboren, sondern wurde durch die vielfachen Entwertungen erworben, die ein weiblicher Mensch von den ersten Tagen an erlebt. Wir kommen mit allen Anlagen zur Welt, ein natürliches und gutes Selbstbewusstsein zu entwickeln. Ist uns das nicht geglückt, dann müssen wir nicht etwas Neues hinzulernen, sondern lediglich den Weg zurück zu unserem Ursprung wiederfinden, um all die Überlagerungen abzutragen. Das Fremde, Übergestülpte loszuwerden heißt, das falsche Haus «rückzubauen», damit das eigene sichtbar und wieder bewohnbar wird.

Sowohl das Erkennen von ungünstigen Umständen als auch direkt anwendbare Strategien können uns im Alltag hilfreich und nützlich sein, das verlorene Selbstbewusstsein zurückzuerobern. Durch die Erforschung der Ursachen – welche Einflüsse haben unserem einst intakten Selbstbewusstsein zugesetzt? – gelingt es uns, die Hintergründe besser verstehen zu lernen, die zu seiner Einbuße geführt haben. Ebenfalls zeigt uns ein Blick in die Vergangenheit, welchen Entwertungen Frauen früherer Generationen ausgesetzt waren und was sie zu bewältigen hatten, um einigermaßen über die Runden zu kommen.

Wir arbeiten auf mehreren Ebenen. Einmal im persönlichen Bereich, in dem es darum geht, die eigene Würde zurückzugewinnen, den eigenen Selbstwert zu restaurieren, um selbstbewusst über die Gestaltung und Entfaltung unseres Lebens zu bestimmen. Zum anderen geht es darum, in sämtlichen gesellschaftlichen, politischen, wirtschaftlichen und kulturellen Belangen mitzumischen, mitzubestimmen und mitzugestalten. Es ist ein kollektives Anliegen für alle Frauen – für die, die nach uns kommen, ebenso wie für die vielen, die vor uns auf dieser Welt waren und keine Möglichkeit hatten, sich für ihre Rechte einzusetzen. Wir rehabilitieren also auch unsere Mütter und Großmütter im Nachhinein, sorgen dafür, dass ihre Opfer nicht umsonst waren, weil wir uns ihre Lektionen hinter die Ohren geschrieben haben.

Da ich dich nicht mit theoretischen Erklärungen und Ausflügen zu lange auf die Folter spannen will, möchte ich zuerst einige praktische Hinweise vorstellen, die sich direkt im alltäglichen Leben umsetzen lassen. Und erst hinterher werden wir uns die unterschiedlichen und schädigenden Einflüsse, denen Frauen ausgesetzt waren und heute noch sind, unter die Lupe nehmen und genauer ansehen.

Wir beginnen also mit uns selbst und stellen uns in den Fokus unserer Betrachtung. Bereits diese Haltung ist ein Bruch mit dem ungeschriebenen Gesetz, sich nicht so wichtig zu nehmen. Sich mit sich selbst beschäftigen, mehr über sich erfahren zu wollen, sich um sich kümmern gehört nicht zum Pflichtprogramm weiblichen Daseins. Die meisten Frauen haben gelernt, sich vor allem um das Wohl anderer zu sorgen, dabei gehen die eigenen Bedürfnisse und Wünsche leicht vergessen. Wenn wir nun unsere eigene Person in den Mittelpunkt unserer Aufmerksamkeit stellen und unsere Anliegen ernst nehmen, kann es sein, dass aus unserem familiären Umfeld wenig Unterstützung oder gar Applaus zu vernehmen ist. Wir müssen stets eines im Auge behalten und uns immer darüber im Klaren sein: Wir schwimmen gegen den Strom.

Deshalb sollten wir mit einberechnen, uns zwischendurch Erholungsphasen zu gönnen, in denen wir ausruhen können. Wir tun gut daran, zu bedenken, dass es sich besser in Gruppen stromaufwärts schwimmt. Hinderliche Stromschnellen sind oft nur zu überwinden, wenn wir Seilschaften bilden. Und weil die meisten Frauen eine beste Freundin haben, ist das die erste Adresse, an die wir uns wenden. Je besser es uns gelingt, eine realistische Einschätzung der zu erwartenden Schwierigkeiten einzuplanen, umso besser werden wir damit umgehen und mögliche Rückschläge nicht gleich als persönliches Versagen verbuchen. Das heißt, dass wir uns sensibilisieren und mit hellwachen Augen und größter Aufmerksamkeit alles aufnehmen und registrieren, um uns weder von dem wohligen Gefühl einlullen zu lassen, dass alles anders und besser als früher sei, noch in eine trostlose Resignation zu verfallen, die nicht nur unseren Tatendrang lähmt, sondern auch unsere Lebensfreude dämpft.

Sich sensibilisieren heißt, die Antennen auf Empfang stellen; heißt, sich darüber bewusst zu werden, dass es letztlich kein bloßer Zeitvertreib ist, sich ein wenig um die eigene Persönlichkeitsentwicklung und um die Rechte der Frauen zu kümmern, sondern eine höchst drängende Aufgabe, die übernommen werden muss. Ich bin davon überzeugt: Würde eine Göttinnen-Konferenz einberufen und wir könnten als winzige Mäuschen dem Verhandlungsgespräch zuhören, erführen wir, dass sie fest mit unserem Einsatz rechnen und auf uns zählen.

Vielleicht möchtest du den einen oder anderen hier gemachten Vorschlag im Hinblick auf eigene Ideen und Wünsche modifizieren. Vielleicht liefern dir meine Überlegungen lediglich Impulse, um etwas ganz Eigenes ins Auge zu fassen, das nur speziell für dich richtig ist. Das ist gut so. Ich verstehe mich als Schrittmacherin, als Impulssetzerin. Nicht mehr – aber auch nicht weniger.

Um mich selbst davor zu schützen, schlappzumachen oder gar das Handtuch zu werfen, habe ich mit mir einen Vertrag abgeschlossen, den ich dir hier vorstellen will. Vielleicht hast du Lust, eine ebenso klare Entscheidung zu treffen, einen Kontrakt mit dir zu schließen, indem du dich verpflichtest, dich künftig auf bestimmte Werte zu berufen. Überprüfe, ob es eventuell einzelne Worte oder Sätze gibt, die auch für dich passen oder ob du dir lieber einen eigenen Text zusammenstellen möchtest.

Lass dich also anregen:

Ich will alles daran setzen,
was in meiner Kraft steht,
Weiblichkeit zu schützen.
Ich will die Rechte mit allen mir zur Verfügung stehenden
Möglichkeiten für alle Frauen einfordern, um ihnen zu ihrer
angestammten Macht zurückzuverhelfen.
Ich will mit offenen Augen sehen,

ich will mit kritischen Ohren hören
und Augen und Ohren in ihrer Wahrnehmung
sensibilisieren und schärfen,
damit ich Entwertungen, die sich gegen andere Frauen
oder auch gegen mich richten,
sofort erkenne.

Ich will den Mund aufmachen
und Kritik üben,
ich will das Unrecht öffentlich machen,
ich will so lange streiten und kämpfen,
bis ich die Würde der Frau zurückerobert habe.

Sollte ich für mich persönlich einen Sieg errungen haben,
dann will ich um Beistand bitten, dass mir meine
komfortable Situation
nicht das Hirn vernebelt:
Göttinnen, gebt mir keine Ruhe,
bis alle Frauen, junge und alte,
die, die mir besonders nah sind,
sowie jene, die mir nicht besonders sympathisch sind,
ihre Würde zurückgewonnen haben.

Zurück zur eigenen Mutter

Ja, du hast richtig gelesen! Wenn du dir dein Selbstbewusstsein zurückerobern willst, geht an der Auseinandersetzung
mit der eigenen Mutter kein Weg vorbei. Damit wir uns
aber recht verstehen, es geht nicht darum, sich nochmals

mit der Mutter zu zoffen, ihr Vorhaltungen für Versäumnisse an den Kopf zu werfen und sie für das eigene Unglück verantwortlich machen zu wollen. Deine Mutter ist längst in einer anderen Lebensphase angekommen, in der die Frage der Mutterschaft wahrscheinlich nicht mehr die zentrale Rolle für sie spielt. Vielleicht ist sie bereits im Ruhestand, hat andere Themen, die sie beschäftigen. Oder aber sie ist bereits verstorben, was sogar für eine intensive Auseinandersetzung mit ihr von Vorteil sein könnte. Es geht nämlich um die verinnerlichte Mutter, um das Bild, das wir von ihr gebastelt haben. Wir führen also unsere Auseinandersetzung in unserem Innenbereich und benötigen sie dafür nicht als Gesprächspartnerin.

Wenn du mit deiner Mutter Probleme hast, dich von ihr zu wenig beachtet, geliebt oder umsorgt gefühlt hast, dann liegt die Formel ziemlich klar auf dem Tisch: Sie hat deine Erwartungen nur teilweise oder gar nicht erfüllt. Vielleicht hast du als Kind sogar unter ihr gelitten, fühltest dich schlecht behandelt, zurückgesetzt oder gar abgelehnt. Vielleicht hast du dich für sie auch geschämt, es war dir peinlich, wenn sie in der Öffentlichkeit in Erscheinung trat. Wenn du eine Scheidung der Eltern miterlebt hast, dann warst du ohnehin in einem Wechselbad der Gefühle hin- und hergerissen. Als Tochter hast du dich eher mit dem Leid der Mutter identifiziert und hast mit ihr gelitten. Es könnte auch sein, dass du für ihr Verhalten nur Verachtung übrig hattest, weil du es nicht mitansehen konntest, wie sie sich als hilfloses Opfer inszenierte und gleichzeitig als Täterin dem geliebten Vater Schmerz zugefügt hat. Das alles macht das Verhältnis zur eigenen Mutter äußerst schwierig. Und es leuchtet durchaus ein, wenn viele Töchter voller Überzeugung sagen: «So wie sie, nie!»

Mutter

Ich trage dich wie eine Wunde
auf meiner Stirn, die sich nicht schließt.
Sie schmerzt nicht immer. Und es fließt
das Herz sich nicht draus tot.
Nur manchmal plötzlich bin ich blind und spüre
Blut im Munde.

Gottfried Benn

Denn klar ist, dass Töchter auf ihre Mütter stolz sein wollen; sie möchten sagen können: «Seht her, diese wunderbare Frau ist meine Mutter. Und ich bin die Tochter von dieser großartigen Frau. So wie sie möchte ich auch einmal werden.» Zweifellos ist es für einige Frauen möglich, sich auf ein gutes Mutter-Tochter-Verhältnis zu berufen. Aber für viele trifft dies nicht zu. Für eine Tochter bedeutet es eine fundamentale Kränkung, die für sie als Identifikationsfigur vorgesehene Frau beschädigt und entwertet zu erleben. Dann gerät auch unser Selbstwertgefühl unter die Räder, längst bevor wir uns gezielt damit auseinandergesetzt haben. Wenn das Bild der Mutter angeschlagen ist, erhält das Selbstbild der Tochter ebenfalls Schlagseite. Deshalb ist es sinnvoll, zuerst das ursprüngliche Bild einer Revision zu unterziehen.

In der Beurteilung der Mutter hilft uns vor allem, wenn wir sie aus der Mutterrolle entlassen und sie einfach als

Mensch zu sehen versuchen. Mütter sind eben in erster Linie Menschen, mit ihrer eigenen Geschichte, die sie zu bewältigen haben. Und die Rolle der Mutter ist lediglich mit einer Amtsträgerschaft zu vergleichen, die mit bestimmten Funktionen und Aufgaben verbunden ist. Viele Frauen wählen dieses Amt nicht bewusst am Schreibtisch und sind sich der Konsequenzen nicht bewusst. Bei den meisten geschieht es einfach. Es kommt wie ein Naturereignis über uns, und wir versuchen, den Anforderungen irgendwie gerecht zu werden. Einige scheitern an den hohen an sie gestellten Aufgaben, sie sind nicht einmal in der Lage, in sich so etwas wie Mutterliebe zu finden.

Wir können aber der Frage Mutterschaft nur einigermaßen gerecht werden, wenn wir unsere Mutter zunächst einfach als Mensch anerkennen. Dies ist zweifellos nicht einfach, weil wir sie bisher ja immer aus der Perspektive der Tochter wahrgenommen haben. Wenn wir ihr aber zugestehen, dass sie neben ihrer Rolle noch ein eigenes Dasein führte, mit eigenen Wünschen, Anliegen, Hoffnungen, Sehnsüchten usw., die sie zu verwirklichen trachtete, dann enthüllt sich vielleicht vor uns ein Mensch in seiner ganzen Tragweite – und auch Tragik.

Das können wir uns am besten veranschaulichen, wenn wir den Lebenslauf der Mutter etwas genauer ansehen. Da helfen uns zweifellos auch alte Fotos, die sie als Kind, als Mädchen, als junge Frau zeigen. Die Vertiefung in den Lebenslauf der eigenen Mutter zeigt uns vor allem, dass der Aufgabenbereich Mutterschaft zunächst für sie noch gar keine Rolle spielte. Sie hatte vielleicht in ihrer Herkunftsfamilie eine anspruchsvolle Familienkonstellation zu bewältigen. Wenn wir uns die Frage stellen, was sie wohl als Kind am meisten erfreute oder beschäftigte, welchen Vorlieben sie nachging, was sie für Wünsche und Vorstellungen für ihr Leben hatte und was davon übrig blieb, dann erhalten wir vielleicht eine Ahnung von ihr. Ebenso hilfreich ist es, sich dem Mensch, der unsere Mutter ist, zu nähern, wenn wir uns auch mit der dunklen Seite ihrer Vergangenheit beschäftigen, etwa welche Entsagungen und Enttäuschungen sie zu verarbeiten hatte, mit welchen schwierigen Ereignissen sie einst konfrontiert wurde. Und schließlich ist die Frage nach ihrem Liebesleben aufschlussreich. Hat sie überhaupt die große Liebe kennengelernt, wurde sie geliebt oder hat sie sich mit dem abgefunden, was sich zufällig anbot. Wenn wir dann noch entdecken müssen, dass sie in ihrer Liebessehnsucht herbe Enttäuschungen zu erleiden hatte und ihre Liebe verraten wurde, dann gewinnen wir einen anderen Eindruck und verstehen vielleicht besser, weshalb ihr die Mutterrolle nicht rundum geglückt ist.

Nicht allen Töchtern ist es möglich, sich mit ihrer Mutter zu identifizieren. Ist sie noch in einer traditionellen Frauenrolle gefangen, wird es für die Tochter kaum viel Anreiz geben, wie die Mutter werden zu wollen. Sie wird ihr unter keinen Umständen nacheifern wollen, denn so wie sie will die Tochter um keinen Preis werden. Selbst wenn der Mutter innerhalb der Familie durchaus Wertschätzung und Anerkennung entgegengebracht wird, so geht die Entwertung, die auf breiter gesellschaftlicher Ebene stattfindet, an keinem Mädchen spurlos vorbei.

Ein junges Mädchen lernt früh, dass eine Frau einerseits auf der untersten Stufe sozialer Anerkennung rangiert und dass ein enges Rollenbild dafür sorgt, die eigenen Fähigkeiten, Talente und Begabungen nicht ungezwungen in einer Frauenrolle ausleben zu können. Gleichzeitig aber macht es die gegenteilige Erfahrung, insbesondere dann, wenn Frauen virtuos und gekonnt ihre weiblichen Reize bewirtschaften, begehrt und vielleicht sogar angebetet werden. Allein schon diese widersprüchliche Bewertung ist eine große Herausforderung für die eigene Orientierung. Obwohl Frauen heute freien Zugang zu allen Wissensgebieten haben, darf uns das nicht darüber hinwegtäuschen, dass es für sie um einiges schwieriger ist, sich in typischen Männerdomänen mit Selbstverständlichkeit zu bewegen. Theoretisch steht der Frau die Welt offen, faktisch trifft dies nicht zu. Die weitgehende Abwesenheit von Frauen in sämtlichen obersten Führungsetagen sowie alltägliche Erfahrungen wirken auf das Unbewusste ein und prägen die eigenen Zukunftserwartungen nachhaltig.

Die Art und Weise, wie ein junges Mädchen für sich Weiblichkeit und Selbstwert verbinden kann, hängt also auch von der Mutter-Tochter-Beziehung ab. Viele Mütter sind selbstwertarme Frauen. Wie sollen sie der Tochter vermitteln können, dass «es schön ist, eine Frau zu sein»? Die Tochter wird zur Zeugin, wie die eigene Mutter immer wieder mit Geringschätzung bedacht wird, sei dies nun in der eigenen Familie oder in der Gesellschaft. Solange es Vereinigungen geben muss wie etwa das «Mütterhilfswerk» und andere Hilfsorganisationen, wird kaum eine Tochter auf die Idee kommen, die Wertschätzung der Mütter sei in unserer gesellschaftlichen Ordnungsstruktur selbstverständlich.

Ich hatte zuerst ein inniges Verhältnis zu meiner Mutter. Sie war die Person, die ich am meisten liebte. Sie war für mich die Königin, die Einzige, die Vertraute, die Verlässliche. Und ich erinnere mich noch genau, wie ich gelegentlich, vor allem später in der Pubertät, in eine Gefühlsverwirrung von Ablehnung, ja sogar Hass und Verachtung geriet. Manchmal überfiel mich sogar ein beinahe unüberwindlicher Ekel. Ich war ratlos und verstand mich nicht. Erst viel später, als ich Ähnliches auch im Erleben bei anderen Frauen entdeckte, begann ich allmählich zu begreifen: Wenn die Tochter miterleben muss, wie die eigene geliebte Mutter entwertet wird, packt sie das blanke Entsetzen. Es ist, als werde etwas, das uns lieb und heilig ist, in die Gosse gestoßen. Und weil wir nicht durchschauen, was da geschieht, richten wir unsere Wut nicht gegen die Verursacher, sondern gegen die Mutter selbst. Vielleicht aber sind wir auch zutiefst enttäuscht, wenn unsere Mütter, die wir stark und mutig erleben, sich nicht zur Wehr setzen, sondern Demütigungen und Kränkungen über sich ergehen lassen. Es ist also nicht verwunderlich, wenn sich die Tochter weigert, sich mit der Rolle einer Frau zu identifizieren.

Eine schwache, herabgesetzte Mutter ist für eine Tochter eine tiefe Verletzung, von der sie sich wahrscheinlich nur dann erholen wird, wenn ihr die Zusammenhänge bewusst werden.[4] Andernfalls wird sie sich von ihr distanzieren, sie schließlich ihrerseits entwerten und mit ihr womöglich alle anderen Frauen auch.

Wenn es uns gelingt, zu der Frau, die unsere Mutter ist, ein einfühlsames und verständnisvolles Verhältnis aufzubauen, können wir auf den Vorwurf, ungenügend von ihr umsorgt worden zu sein, verzichten.

An meine Mutter

So gern hätt' ich ein schönes Lied gemacht
von deiner Liebe, deiner treuen Weise;
die Gabe, die für andre immer wacht,
hätt ich so gern geweckt zu deinem Preise.

Doch wie ich auch gesonnen mehr und mehr,
und wie ich auch die Reime mochte stellen,
des Herzens Fluten wallten darüber her,
zerstörten mir des Liedes zarte Wellen.

So nimm die einfach schlichte Gabe hin,
von einfach ungeschmücktem Wort getragen,
und meine ganze Seele nimm darin:
Wo man am meisten fühlt, weiß man nicht viel zu sagen.

Nun ist der liebe Mai im Land,
mit Blumen zog er ein,
und diese Blumen, die ich fand,
bring' ich dir, Mütterlein!
Das Blümchen braucht den Sonnenschein,
sonst geht es bald zugrund',

und ich, ich brauch' mein Mütterlein:
Gott halte dich gesund!

Annette von Droste-Hülshoff

Damit rehabilitieren wir unsere Mutter, holen sie aus der Entwertungsecke und stellen sie an den Platz, den sie verdient. Vielleicht empfinden wir dann sogar Dankbarkeit für die Frau, die uns das Leben schenkte, sind stolz auf sie. Mit diesem Schritt erhält sie unsere volle Anerkennung für alles, was sie geleistet hat. Und damit stärken wir unser Selbstwertbewusstsein, die Tochter dieser Frau zu sein.

Schluss mit der Selbstentwertung

Sicher ist bei dir der Groschen längst gefallen: Wer ein besseres Selbstbewusstsein erlangen will, muss aufhören, sich selbst zu entwerten. Und zwar sofort! Das soll heißen, unverzüglich sämtliche Maßnahmen einzustellen, mit denen du bis jetzt gegen deine Unwertgefühle gekämpft hast.

Also höre mit sämtlichen Spielchen auf, dass andere dich besonders schön, besonders anziehend oder sonstwie außergewöhnlich aufregend finden sollten. Du wirst das Ziel nie erreichen, an oberster Spitze zu stehen und endlich die Liebe und Anerkennung zu erhalten, die du dir wünschst. Vielleicht gelingt es dir in einem Anflug von Größenwahn, dich als die Schönste und Attraktivste zu fühlen, aber bereits nach dreißig Sekunden ist der Traum ausgeträumt, und du fühlst dich wieder wie der letzte Dreck. Also lass das. Du bist zwar einzigartig, aber nicht, was dein Äußeres, sondern vielmehr, was deine Seele betrifft.

Du wirst dein Selbstbewusstsein niemals restaurieren können, indem du dir eine neue Haarfarbe zulegst, regelmäßig zur Kosmetikerin eilst und vier Kilo herunterhungerst. Mag sein, dass du dich kurzfristig besser fühlst, aber wahrscheinlich hast du diese Erfahrung schon x-mal durchgespielt und du weißt, dass die gute Stimmung, sich selbstbewusst zu fühlen, nur von kurzer Dauer ist. Wenn dein Liebhaber die neue Haarfarbe nicht zur Kenntnis nimmt und gleich zur einzig interessanten Sache kommen will, dann wirst du dich so einsam in deinem Herzen fühlen wie ein aus dem Rudel ausgestoßenes Tier in der Steppe. Wahrscheinlich kennst du die endlose Traurigkeit, Sex zu haben, einen keuchenden Atem über dir zu spüren und darunter zu vereinsamen. Du wolltest ihm eine Freude machen. Hast deine Haare in endloser Prozedur aufhellen lassen. Und es interessiert ihn nicht!

Die Schönheit ist eine Falle. Der Schönheit hinterherzulaufen macht uns von vornherein zur Verliererin, und wenn wir über fünfzig sind, bleiben wir so oder so auf der Strecke – selbst wenn uns freundliche Menschen auf 49 schätzen. Dem eigenen Prozess des allmählichen Verblühens zusehen zu müssen ist eine besonders bittere Lektion.[5] Wenn du der Schönheit nachrennst, ziehst du deine ganze Energie aus dem Gehirn in kosmetische Fragestellungen und schwächst dich dadurch selbst. Vielleicht hoffst du, dass eines Tages der große Modeschöpfer, der große Regisseur oder sonst irgendein Mann deine Schönheit entdeckt und hingerissen von dir sein wird und dich unverzüglich engagiert oder heiratet. Und du gehst zu jeder Veranstaltung mit der schicksalsfordernden Haltung, dass das Wunder geschieht. Selbst wenn du immer wieder erlebst, dass nichts dergleichen passiert, gibst du die Hoffnung nicht auf, willst noch schöner und schlanker werden.

Vielleicht werden wir sogar einmal in eine Fernseh-Talksendung eingeladen, um aus unserem Leben als alleinerziehende Mutter, als vom Vater sexuell Missbrauchte, als Adoptierte, als Brustkrebserkrankte auszupacken oder über unsere Nachbarin, die fette Schlampe, endlich öffentlich herzuziehen. Viele schlaflose Nächte vorher fragen wir uns: «Was soll ich anziehen? Wie soll ich die Haare tragen? Mit welchem Tand und Geschmeide soll ich mich behängen?» Und diese Fragen werden uns derart beschäftigen, dass uns das Thema beinahe abhandenkommt. Wir können an nichts anderes mehr denken als an den Tag X und sind nur noch von dem einen Gedanken an unseren Auftritt besessen. Beim Versuch, sich in der Sendung ansprechend zu präsentieren, drapieren wir uns zwar möglichst nett und vorteilhaft, erleiden aber im Hirn einen Stromausfall. Wir reden plötzlich über das, was wir nicht sagen wollten. Niemand wird uns hinterher großartig finden. Und wir uns selbst auch nicht. Trotzdem kann es sein, dass wir leicht euphorisiert sind. Aber dann gehen wir mit einem flauen Gefühl im Magen nach Hause und fühlen uns wieder einmal elend. Wie gehabt.

Du kannst noch so umwerfend aussehen, du wirst das Gefühl, nicht schön genug zu sein, doch niemals los. Das ist kein äußeres, sondern ein inneres Problem. Wir stehen vor übervollen Kleiderschränken und haben nichts Passendes zum Anziehen. Denn das Gefühl, nicht schön genug zu sein, sitzt wie ein Virus in unseren Zellen.

Du kannst dich auf noch so tolle Idealmaße herunter-hungern, du wirst dich nie schlank genug fühlen. Und es kann sein, dass nicht einmal dein Partner deine neu errun-gene Schlankheit bemerkt. Also höre auf, dich ständig vor dem Spiegel in diese unbeschreiblich lächerliche Pose einer Balletttänzerin zu werfen – wer kennt sie nicht! –, das eine Bein mit extrem ausgedrehtem Fuß vor das andere gestellt, mit weit vorgeschobenen Hüften, auf deren Knochen deine Hände wie alberne Touristen im Autobus hocken. Schau dir zu selbsttherapeutischen Zwecken einige Modeschauen im Fernsehen an und versuche dann, die Models nachzuah-men. Mache ein ebenso uninteressiertes Gesicht, blicke in eine endlose Leere, als wärst du gar nicht anwesend, als wäre das Leben die langweiligste Sache der Welt, schau mit diesem Hohl-Blick durch deine sieben Wände hindurch. Dann versuche, wie die Models zu gehen, du drehst die Fußspitzen leicht nach innen und steigst auf Wadenhöhe mit einem Bein im Kreuzstichgang über das andere. Stakse ein paar Mal um den Wohnzimmertisch, und du kannst un-verzüglich feststellen, wie sich deine gesamte Intelligenz entsetzt davonmacht.

Wenn du trotz wichtiger Erkenntnisse in alte Verhaltens-weisen hineinschlingerst, dann gib acht, nicht gleich in die nächste Selbstentwertungsspirale hineinzugeraten: sich die eigene Dummheit auch noch vorzuwerfen. Es ist nicht möglich, sich zehn, zwanzig, dreißig oder noch mehr Jahre in einem bestimmten Verhaltensmuster zu bewegen und dann das gesamte Programm in drei Minuten umzuschreiben. Sei also nachsichtig mit dir selbst. Verlange keine übermenschlichen Leistungen, sondern geh mit dir so um wie mit der besten Freundin. Sag dir einfach: «Na und? Wär ja auch gelacht, wenn's gleich auf Anhieb klappte.»

Selbstbewusstsein wird durch das Gefühl, selbst wert zu sein, aufgebaut. Und weil Selbstwertgefühl nicht auf der Straße liegt, sondern das gesamte soziale Umfeld unentwegt in die Entwertung der Frau mit einstimmt, ist es mit einer effektiven Arbeit zu vergleichen, die systematisch geleistet werden muss.

Als Kind lernen wir über den Umgang mit den ersten Bezugspersonen unseren Wert kennen. Später über die Gesellschaft. Wie wir gespiegelt werden, fühlen wir uns. Das heißt, dass wir unsere Beziehungen unter die Lupe nehmen und daraufhin untersuchen, ob wir das Gefühl vermittelt bekommen, wertschätzend behandelt zu werden. In der Regel fühlen wir uns in der ersten Zeit des Verliebtseins über alle Maßen wertgeschätzt. Schließlich ist das auch der Druckknopf, der Liebesgefühle auslöst. Sich wertgeschätzt fühlen ist identisch mit dem Gefühl: Ich werde geliebt. Bei den meisten Paaren schwindet die gegenseitige Wertschätzung im Lauf des Zusammenlebens. Wenn wir der besten Freundin gestehen: «Ich weiß nicht, ob er mich überhaupt noch liebt», sind wir bereits durch einige Trockengebiete der Entwertung geschritten. Und wenn dazwischen keine Momente erlebt wurden, in denen wir das Gefühl hatten, wertgeschätzt zu werden, dann sind wir irgendwann derart ausgetrocknet vom Mangel an Anerkennung, dass wir beim nächsten wertschätzenden oder auch begehrlichen Blick wieder anspringen wie ein Auto, bei dem der Anlasser getätigt wird.

Vom Partner abhängig zu sein, um sich nicht allein zu fühlen, ist eine äußerst riskante Angelegenheit, denn er kann uns schnell abhandenkommen. Es muss keine schwere tödliche Krankheit ausbrechen, die sein Lebenslicht ausbläst, es muss kein katastrophaler Unfall sein, der den Geliebten jäh dahinrafft. Es genügt, dass eine Frau vorübergeht. Und ihn mehr anzieht. So ist das Leben.

Bald jede zweite Ehe wird geschieden. Es wäre schade, wenn wir unsere Lebensfreude allein auf die Partnerschaft ausrichteten. Selbst wenn wir uns noch so viel Mühe geben, einen Vortrag nach dem anderen über Beziehungsfallen besuchen und auch in Kommunikation und Problemlösung immer perfekter werden, liegt eben vieles nicht in unserer Hand. Wir können noch so gut und vorsichtig Auto fahren, und dennoch kann es uns erwischen und wir sind plötzlich in einen Crash verwickelt. Wenn wir wüssten, dass jedes zweite Auto zusammenkrachte, würden wir uns wahrscheinlich nicht sehr sicher darin fühlen. In der Partnerschaft aber gehen wir einfach davon aus, dass wir zu den wenigen Auserwählten gehören, die gut über die Runden kommen, und setzen alles auf diese eine Karte. Es kann sein, dass du keine Freundin hast, weil du Frauen grundsätzlich nicht vertraust und nicht die beste Meinung von ihnen hast. Dann möchte ich dich nochmals daran erinnern:

Wer andere Frauen nicht mag, lebt auch mit sich in Unfrieden, und das ist eine ernst zu nehmende Katastrophe. Damit wir uns recht verstehen: Ich will dir keine Frauenfreundschaft aufschwatzen, aber ich möchte dich dazu ermuntern, mit dir selbst als Frau ins Reine zu kommen und Frieden zu schließen. Damit du offen auf andere Menschen zugehen kannst – auch auf Frauen.

Energiekiller rauswerfen

Es wäre gut, wenn wir von Zeit zu Zeit die Menschen, mit denen wir im Alltag Umgang pflegen, einem «Batterietest» unterziehen. Es gibt Personen, bei denen genügt bereits der Gedanke an sie, und schon fühlen wir uns elend. In der Regel handelt es sich um Menschen, die uns keine Wertschätzung entgegenbringen, sondern durch die wir uns entwertet fühlen. Das heißt natürlich nicht immer, dass sie dies auch tatsächlich tun, aber wir erleben es so. Es kann sein, dass sie uns an frühere Bezugspersonen erinnern, mit denen wir entsprechend schlechte Erfahrungen gemacht haben. Wir übertragen also negative Erfahrungen auf eine aktuelle Situation und sind nicht mehr in der Lage, die Gegenwart ungefiltert von der Vergangenheit zu trennen.

Manchmal aber trifft es durchaus zu, dass uns jemand tatsächlich entwertet. Geringschätzung, Abqualifizieren, Herabwürdigung sind die schlagkräftigsten Energiekiller. Während wir unter Worten des Lobes und der Anerkennung aufblühen, welkt die Lebensfreude bei Entwertung dahin. Die Lebensfreudebatterie wird augenblicklich entleert, es entsteht ein Gefühl des Unwerts, des Nichtgenügens, des Unerwünschtseins, wir fühlen uns dumm, ungeschickt, unfähig und grundsätzlich fehl am Platz, vor allem ungeliebt.

Menschen, die wir als Energiekiller erleben, haben interessante Merkmale und unübersehbare Gemeinsamkeiten. In einer leichten Form zeichnen sie sich dadurch aus, dass sie immer alles besser wissen, nicht zuhören können und eigentlich an uns nicht besonders interessiert sind. Allein diese drei Eigenschaften genügen, um unsere Energie zu schröpfen. Es sind Ausdrucksformen, die keinerlei Wertbezeugung beinhalten. Eine Fortsetzung und Verschlimmerung des Energiekillens findet sich darin, dem Gegenüber keine Fähigkeiten zuzutrauen, negative Ereignisse vorauszusagen und grundsätzlich für die Zukunftsperspektiven schwarzzusehen. Beispielsweise wenn eine Frau freudig erzählt, etwas Neues zu lernen, eine Ausbildung machen zu wollen, und vom Partner, von Freunden und Bekannten werden ernsthafte Zweifel angemeldet, ob sie den Anforderungen wohl gewachsen sei oder – noch schlimmer – ob sich denn der Aufwand noch lohne. Die Krönung der Energiekiller sind die gefürchteten Frontalangriffe auf das Selbstwertgefühl. Sie manifestieren sich in Kränkungen, Demütigungen und Beschämungen sowie durch Zynismus, durch Bloßstellen, Lächerlichmachen.

Eine genaue Untersuchung unseres sozialen Umfelds und unserer Beziehungen verschafft uns Klarheit darüber, weshalb es uns nach dem Treffen mit einer bestimmten Person stets so schlecht geht. Weshalb unsere Energie im Keller ist und weshalb wir uns immer vor der Begegnung mit diesen

Menschen am liebsten drücken würden. Beispielsweise gibt es viele, die Verwandtentreffen hassen wie die Pest. Das ist verständlich, finden doch gerade bei solchen Treffen – die ja ausschließlich aufgrund familiärer Bindungen zustande gekommen sind – oftmals keine Gespräche statt, in denen wirkliches Interesse am anderen zum Ausdruck kommt.

Am leichtesten wird es uns gelingen, die ärgsten Fälle massiver Entwertung aufzudecken. Sie sind eindeutig. Und hier sollten wir uns unverzüglich die Frage stellen: Gibt es zwingende Gründe, die Beziehung fortzusetzen? Auch Familienangehörige sind zu überprüfen. Weshalb solltest du dir immer wieder eine Begegnung mit einer Schwägerin, einem Bruder, den Schwiegereltern oder gar den eigenen Eltern zumuten, wenn dir dabei die Energie abgezapft wird? Du bist ja längst in einem Alter, wo du dir deine eigene Wahlfamilie zusammenstellen solltest. Deine Eltern haben dafür gesorgt, dass du heranwachsen konntest. Erwarte keine weiteren Dienste, kein besonderes Lob für Wohlverhalten, keinen Applaus für besondere oder gar herausragende Leistungen aller Art. Wenn sie dir bis jetzt keine Anerkennung gezollt haben, ist die Chance groß, dass sie sie dir auch zukünftig nicht geben werden. Den Ursachen dafür nachzujagen bringt nichts. Aus welchem Grund auch immer: Die Eltern können oder wollen nicht. Also lass sie in Ruhe. Suche dir Freunde, die das mütterliche und das väterliche Element in sich tragen, die sowohl schwesterliche als auch brüderliche Qualitäten haben.

Schwieriger wird es mit jenen Begegnungen, die uns ebenso viel Freude bescheren wie sich als dunkle Wolke über unsere Sonne schieben. Die Beeinträchtigung findet also nur punktuell in ganz bestimmten Situationen statt und ist nicht durchgehend. Würden wir derartige Beziehungen abbrechen, würden wir den Ast absägen, auf dem wir sitzen. Aber wir können mit den Menschen, die es betrifft, darüber sprechen. Nein, natürlich nicht in Form einer Anschuldigung! Sondern beschreibend, wie wir ihr Verhalten erleben, was es in uns auslöst. Mit größter Wahrscheinlichkeit hat die andere Person auch noch Interessantes zu sagen. Es geht in solchen Gesprächen nie darum, herauszufinden, wer denn nun eigentlich recht hat, sondern einfach darum, dem anderen mitzuteilen, wie wir bestimmte Situationen erleben.

Es gibt Frauen, die es vorziehen, in einer Beziehung auszuharren, in der sie täglich von Neuem entwertet werden. Der Blick des Partners ist längst trüb geworden, nimmt sie schon lange nicht mehr wahr. Die Wochenenden sind endlos. Er starrt in den Fernseher. Sie steht in der Küche. Sie haben sich längst «voreinander herabgeliebt». Wundere dich nicht, wenn in einem solchen Klima dein Selbstwertgefühl unter null sinkt. Die Hoffnung, dass irgendwann einmal ein Wunder geschieht und sich alles wie von selbst erledigt, solltest du begraben. Es wird sich nichts verändern, wenn du es nicht selbst in die Hand nimmst. Und manchmal müssen wir einfach einen klaren Schlussstrich unter die Beziehung ziehen, die Koffer packen und gehen, um wieder frei durchatmen zu können.

Jene aber, von denen du dich energetisch aufgeladen fühlst, solltest du dir besonders merken. Und sie so oft wie möglich treffen! Wahrscheinlich löst du bei ihnen die gleiche Wirkung aus. Bei Unsicherheit nachfragen! Wenn du dich stets mit Menschen umgibst, von denen du dich wertgeschätzt, geachtet und respektiert fühlst, die dir einfach in der Art, wie sie mit dir umgehen, vermitteln: «Du bist in Ordnung», «Schön, dass es dich gibt», dann wirst du mit der Zeit ein untrügliches Gefühl dafür entwickeln, was dir guttut. Und du wirst ein neues Selbstwerterleben spüren, ein Einverstandensein mit dir – und mit der Schöpfung. Es ist sehr viel sinnvoller, sich für die Wohlgestalt und die Unversehrtheit des eigenen Körpers zu bedanken, als ständig zu hadern, daran herumkorrigieren zu wollen und unzufrieden zu sein.

Büßerhemd ausziehen

Eine weitere Maßnahme, mehr Selbstwert zu entwickeln, ist der Ausstieg aus der Opferrolle. Zieh das Arme-Büßer-Hemd aus und besinne dich auf deine Fähigkeiten, deine Intelligenz und deine Kraft. Als Opfer bist du stets davon abhängig, dass es andere gut mit dir meinen, dir wohlgesinnt sind und nur das Beste für dich wollen. Interessant ist, dass ausgerechnet jene Frauen, die ohnehin äußerst misstrauisch gegenüber anderen sind, die Zügel bereitwillig aus der Hand geben und andere über sich bestimmen lassen. Obwohl sie nicht viel von der Integrität und Ehrlichkeit anderer halten, liefern sie sich aus. Und wenn nichts Gutes dabei herauskommt, sind sie auch noch zutiefst enttäuscht, wenn sich ihre Erwartung erfüllt.[6]

Die Opferrolle ist die unkomfortabelste Position. Sie macht uns handlungsunfähig und abhängig. Zudem ist es eine ziemlich einsame Angelegenheit, denn wie leicht gehen wir anderen auf die Nerven mit dem ewigen Jammern und Klagen. Also steige möglichst schnell aus dieser Rolle aus. Sie bringt nichts.

Ich weiß, was ich von dir fordere, ist nicht leicht. Schließlich zeigt uns die Vergangenheit auf, dass Frauen faktisch oft zu Opfern geworden sind. Aber das ist kein Grund, diese Rolle freiwillig weiter zu übernehmen. Wer sich einmal an die Opferrolle gewöhnt hat, wird den leicht vorwurfsvollen Blick an den ganzen Rest der Menschheit nicht so schnell wieder los. Auch die Stimme will sich nicht so schnell von ihrem larmoyanten Tonfall verabschieden. Und auch die passenden Worte müssen zuerst in unserer Wortkiste zusammengesucht werden, wo sie sich in die hinterste Ecke verkrochen haben. Es sind jene knochenharten Ich-will-Worte, jene unverschnörkelten Nein-Sätze, jene glasklaren, richtungweisenden Kutscher-Flüche. Wenn wir die Zügel straffer ziehen wollen, damit sich die Pferde nicht vor jedem Hindernis hinlegen, sind Anfeuerungsworte äußerst wirksam. Zudem sind sie wie eine motivierende Energiespritze, um das Leben selbst in die Hand zu nehmen.

Es ist nicht leicht, die mitleidheischende «Schau-mal-was mir angetan wurde» Haltung aufzugeben. Es ist wahrlich nicht leicht, auf das Mitleid anderer zu verzichten. Denn schließlich diente uns dies alles als kleine Entschädigung für den großen Verlust von Autonomie und Selbstbestimmung. Wir haben uns mit den Mitteln getröstet, die uns zur Verfügung standen. Und manchmal schrumpft das Trostpflaster für erlittene Lebenspein auf ein süßlich wehes Flattern in der Herzklappe zusammen.

Wie du siehst, weiß ich, wovon ich spreche. Auch ich kenne die Opferrolle gut. Ich habe sie schließlich von meiner Mutter gelernt. Obwohl ich diese Haltung bereits als Kind nicht für sehr geeignet hielt und mich viel lieber in einer anderen Rolle gesehen hätte, schlichen sich mir die Worte ins Ohr, die Gesten lagerten in meinen Zellen, der leidende Blick prägte sich ein.

Ich kann allerdings nicht behaupten, dass ich bis jetzt ein ausgesprochenes Opfer-Frauenleben führte. Nein. Es gab Phasen in meinem Leben, da ritt ich mit Pfeil und Bogen durch die Welt. Aber gelegentlich hat es mich doch erwischt. Unerwartet. Es ist noch nicht lange her, ich hatte Geburtstag. Und genau an diesem Tag meldete sich bei mir ein romantisches Bedürfnis, mich *wenigstens* (bereits diese Wortwahl ist verdächtig) von IHM mit besonders viel Liebe umflort zu wissen. In der Regel erwarten wir das von einigen wenigen, aber von diesen ganz speziell, selbst wenn wir eigentlich schon wissen, dass sie in derartigen Gefühlsäußerungen eher ungeschickt sind. Trotzdem wollen wir Liebesbezeugungen ausgerechnet von ihnen, und die können auch nicht durch andere ersetzt werden. Und ich wollte also diese Bezeugung von Frederic.

Ich hatte mir für meinen spielzeuggroßen Teich Goldfische gewünscht. Da mein Geburtstag auf einen Sonntag fiel, wollte Frederic am Abend vorher die bereits bestellten Goldfische abholen. Ausgerechnet dann kamen Handwerker, um die bevorstehenden Renovierungsarbeiten am Haus zu besprechen. Und als dies erledigt war, hatte das Geschäft geschlossen. An meinem Geburtstag schwamm weder ein Fisch noch stand ein Blumenstrauß im Wasser. Frederic erklärte mir das Malheur, dass dreiundzwanzig Goldfische im Aquarium-Laden auf mich warteten, aber ich erlebte es als Ausdruck seiner Vernachlässigung und war für kein Argument mehr erreichbar.

Obwohl ich mich in einem außerordentlich liebevollen Freundeskreis aufgehoben fühle und ich mich an zwei prachtvollen Töchtern, zwei zauberhaften Enkelinnen und einem Enkel erfreue, krachte ich durch den sonst soliden Boden und landete im Land der Abgeschobenen, Ungeliebten und Vergessenen. Ich verbrachte den ganzen Tag im Bett und heulte. Es gelang mir nicht einmal, Frederic, vom schlechten Gewissen gepeinigt, in die Knie zu zwingen. Er hielt meine Bettlägerigkeit für den Beginn einer Grippe und setzte sich ab, schließlich wolle er nicht auch noch krank werden.

Weil ich meinen ganzen Geburtstag im Bett mit der Decke über dem Kopf verbrachte, hörte ich das Telefon nicht. Meine Töchter wollten mich erreichen, meine Freunde wollten mir gratulieren, mir eine Freude machen, wollten mich besuchen, Geschenke vorbeibringen und mit einer schönen mitgebrachten Geburtstagstorte feiern.

Am nächsten Tag erhielt ich die dreiundzwanzig Goldfische. Fünf davon fraß die graue Nachbarskatze nach ungefähr zwanzig Minuten. In den folgenden Tagen dezimierte sich der Bestand meines goldenen Fischbesitzes nochmals.

Nun sind mir noch zwölf geblieben, denen ich die Namen der zwölf Apostel gegeben habe und die ich täglich nachzähle.

Wenn du aber meinst, ich würde mir hinterher nochmals eins draufgeben, mein Verhalten im Nachhinein als ausgesprochen kindisch und blöd beurteilen, hast du dich getäuscht. Nein, ich sagte mir: «Kein Wunder, schließlich hast du den Opfertext schon früh eingeübt. So schnell lässt sich dieser Text nicht umschreiben.»

Ich drehe also den Spieß um. Wenn mir etwas nicht gelungen ist, beschimpfe und entwerte ich mich nicht. Aber ich klopfe mir auf die Schulter, wenn mir etwas geglückt ist. Übrigens ist auch in der Lerntheorie dieses Modell als das eindeutig bessere erkannt worden.

Wenn du also mal wieder in eine alte Opferfalle hineingetappt bist, dann mach nicht noch ein zusätzliches Drama daraus – von wegen grundsätzlicher Chancenlosigkeit und so. Irgendwann sollten wir der Klagemauer den Rücken zudrehen. Selbstbeschimpfung oder andere für die eigene Misere verantwortlich zu machen hat noch nie dazu beigetragen, dass sich die Situation verändert. Wir müssen die Verantwortung im vollen Umfang selbst übernehmen, und dann haben wir alles in der Hand. Sich an der Opferrolle zu weiden ist so, als ob wir uns selbst in die Kanalisation befördern und noch in einer letzten blitzschnellen Drehung den Genuss herausfiltern, bevor wir uns dem Sog ins dunkle Loch übergeben.

Untersuchungen über kommunikatives Verhalten haben gezeigt: Allein an der Art und Weise, wie jemand argumentiert, zeigt sich, ob es sich um eine erfolgreiche oder erfolglose Person handelt. Eine erfolglose Person wird immer alle anderen, die erschwerenden Umstände und die besonders beschissene Situation für ihren Misserfolg verantwortlich machen. Sie wird sagen: «Es fing alles schon schlecht an. Der Wecker hat zu leise geklingelt, sodass ich verschlafen habe. Deshalb war ich verspätet, und alle andern haben die Parkplätze besetzt. Dann fing es auch noch an zu regnen, und als Krönung bekam ich auch noch meine Tage. Kein Wunder, wenn alles danebenging.» Die Schuld wird immer dort festgemacht, wo ich selbst nichts ändern kann. Der böse Wecker. Die rücksichtslosen Autofahrer, die mir keinen Parkplatz gönnten. Das unberechenbare Wetter. Die blöde Menstruation.

Wenn hingegen etwas geglückt ist, dann wird sie sich ebenfalls mit äußeren Begebenheiten den Erfolg zu erklären versuchen: «Ich hatte Glück. Ich fand sofort einen Parkplatz und es herrschte wunderschönes Wetter.»

Eine erfolgreiche Person wird einen möglichen Misserfolg unter die Lupe nehmen und jene Bereiche, die von ihr beeinflussbar sind, analysieren: «Da habe ich einen Fehler gemacht, und das will ich mir nun genau anschauen. Aber eines verspreche ich mir: Diesen Fehler mache ich kein zweites Mal.» Ist ihr etwas gelungen, führt sie den Erfolg nicht auf glückliche Umstände, sondern auf ihre Kompetenz zurück: «Dieser Erfolg freut mich sehr, er kommt für mich nicht unerwartet, ich habe auch viel dafür gearbeitet.»

Und da wir gerade von Erfolgen sprechen: Wer denkt, Erfolg sei ein glücklicher Zufall, unterliegt einem großen, selbstschädigenden Irrtum. Dieses Denken ist als Versuch zu verstehen, möglichst die Eigenverantwortung und die erbrachte Leistung auszublenden. Besonders erfolgreiche Menschen sind für viele ein Ärgernis und rufen Missgunst und Neid hervor. Das ist ein guter Anlass, um diesen vermeintlich vom Glück Auserwählten in die Karten zu schauen und zu erfahren, wie die das machen. Du wirst interessante Merkmale herausfinden, die sie alle gemeinsam aufweisen:

1. Sie haben genaue Ziele, wissen, wohin sie wollen.
2. Nichts ist ihnen zu viel. Das Erreichen ihres Zieles steht an oberster Stelle. Sie arbeiten – wenn es sein muss – vierzehn Stunden am Tag. Ohne sich darüber zu beklagen.
3. Sie übernehmen die Verantwortung für ihre Fehler und lernen daraus.

Ich verrate dir auch mein Geheimrezept: Bücher fallen nicht vom Himmel, sie müssen geschrieben werden. Ein Satz nach dem anderen. Das braucht Zeit. Und den unbeugsamen Willen, sich diese Zeit zu nehmen. Wenn du willst, nenn es Disziplin – ich weiß, ein unsympathisches Wort. Mein erstes Buch schrieb ich morgens zwischen sechs und neun Uhr. Dann begann meine Arbeit in meiner psychotherapeutischen Praxis. Ich habe zwei Jahre daran geschrieben und zugleich Seminare durchgeführt und Vorträge gehalten. Damit will ich mich hier nicht als großes Vorbild aufspielen. Ich bin es nicht. Aber vielleicht hilft es dir, von mir zu hören, dass alles mit Knochenarbeit zu tun hat.

Und noch etwas: Falls du künstlerische Ambitionen haben solltest und auf die große kreative Inspiration wartest, könnte es sein, dass du dein ganzes Leben mit Warten zubringst und sich der Durchbruch deines Schaffens eventuell erst im nächsten Leben vollziehen kann – oder überhaupt nie. Lass deine Muse nicht umsonst in der Warteschleife herumkurven, sondern sorge dafür, dass du ihr einen Landeplatz zur Verfügung stellst. Du kannst noch so begabt sein: Wenn es dir nicht gelingt, deinem Talent eine Form zu verleihen, dann geschieht gar nichts. Am besten ist es wohl, wenn deine Landepisten täglich über mehrere Stunden offen sind. Das heißt, du gewöhnst dir an, immer die gleichen Zeiträume für deine kreative Tätigkeit zu nutzen. Also wenn du malen willst, dann male täglich. Wenn du schreiben willst, dann schreibe täglich. Durch diese Regelmäßigkeit lockst du die Musen an. Und noch etwas, eine besondere Begabung kommt nur dann zum Erblühen, wenn wir uns die Mühe machen, sie zu pflegen. Das aber heißt nichts anderes, als unermüdlich zu üben. Es ist eine große Tragödie, wie viele begabte Frauen sich nicht die Zeit nehmen, um sich konsequent darin zu schulen, und entweder im Dilettantismus stecken bleiben oder gar in einen Begabungsstau hineingeraten.

Es wird dir zweifellos auch nützlich sein, wenn du eine Liste anfertigst und alle deine Stärken und Schwächen auflistest. Und weil dir wahrscheinlich zwanzig Schwachstellen in deinem Charakter einfallen, begrenze sie bewusst auf drei. Jawohl, liste drei Eigenschaften auf, die du persönlich negativ bewertest. Doch zunächst bemühe dich, mindestens sieben positive Eigenschaften zu finden, die du als deine besonderen Stärken einstufst. Wahrscheinlich wird es dir bereits große Mühe machen, sieben herauszufinden. Bitte gib nicht zu früh auf, und falls dir einfach nichts mehr einfallen will, frag deine Freunde und Freundinnen – sie sollen dir auf die Sprünge helfen. Vielleicht magst du dann diese Liste gesammelter Pluspunkte an deinen Kühlschrank oder an den Spiegel im Badezimmer kleben, damit du sie täglich vor Augen geführt bekommst und gut auswendig lernen kannst. Schließlich sind diese Stärken dein Kapital, und es lohnt sich, sich dieses Reichtums bewusst zu werden.

Und dann knüpfe dir die negativen Eigenschaften vor. Wir müssen uns darüber im Klaren sein, dass eine Eigenschaft, eine Verhaltensweise erst durch den Kontext eine bestimmte Bewertung erfährt und entweder als negativ oder positiv gilt. Ein fröhlicher Mensch beispielsweise, der das Herz auf der Zunge trägt, ist in einem geselligen Umfeld ein äußerst gern gesehener Gast, während er in einem auf Ruhe bedachten Milieu als oberflächlicher Schwätzer beurteilt wird. Deshalb nimm zuerst das Umfeld unter die Lupe, damit du die negative Eigenschaft in diesem Zusammenhang zu verstehen lernst. Und dann gehe hin und erschaffe in deiner Fantasie ein neues Umfeld, das die gleiche Eigenschaft nicht negativ, sondern positiv bewertet. *Umdeuten* heißt das Zauberwort.[7] Du wirst sehen, dass du Bewertungen einfach übernommen hast, obwohl sie selbstverständlich keine allgemeine Gültigkeit besitzen.

Wenn du dir zum Beispiel vorwirfst, eine langsame Denkerin zu sein, dann überlege dir bitte, ob es daran liegt, dass dir viel an Genauigkeit und Gründlichkeit liegt. Falls du an dir deine Ungeduld bemängelst, frage dich, ob du ein Mensch bist, der möglichst viel erleben möchte und viel Interesse an Neuem zeigt. Oder vielleicht wirfst du dir vor, dass du in der Öffentlichkeit immer so verkrampft bist. Dann könntest du dir die Frage stellen, ob es wohl daran liegt, dass du alles besonders gut und perfekt machen möchtest. Falls du betriebsblind bist – was leicht geschehen kann –, dann hole dir Hilfe von Freunden und Freundinnen. Wir haben unseren Freundeskreis nicht nur zum Kegeln und Tennisspielen, sondern vor allem, um uns gegenseitig in der Entwicklung behilflich zu sein.

Allein die Beschäftigung mit deinen Schwächen auf diese Weise wird dich aus der armseligen Opferhaltung herausreißen und dir einen sehr viel größeren Handlungsspielraum erschließen.

Selbstverständlich sollten wir aber auch eine realistische Einschätzung unserer Schwächen vornehmen und uns fragen, ob wir vielleicht die eine oder andere Eigenschaft, die wir als Mangel erleben, durch die Aneignung einer bestimmten Fähigkeit beheben wollen. Wenn wir uns zum Beispiel über mangelnde Selbstsicherheit beklagen, in der Öffentlichkeit eine eigene Meinung zu vertreten, dann ist es zweifellos gut, zunächst gedanklich den Kontext so zu verändern, dass sich diese Verhaltensweise nicht mehr als negativ darstellt, sondern einen positiven Aspekt erhält. Wenn jemand nicht wagt, seine Meinung zu sagen, ist er oder sie in der Regel sehr genau im Zuhören. Wenn wir uns nun das Prädikat «gute Zuhörerin» überreicht haben, fühlt es sich bereits besser an. Aber ich bin meinem Wunsch, meine Ansichten und Meinungen öffentlich kundzutun, dadurch nicht näher gekommen. Wer nicht wagt, den Mund aufzumachen, muss es eben lernen. Es gibt in jedem kleinen Nest eine Volkshochschule, die Rhetorikkurse anbietet. Gestatte dir also nicht mehr, darüber zu jammern, dass du kein Wort herausbringst, sondern unternimm etwas dagegen. Besuch einen Kurs und eigne dir an, was dir fehlt.

Dein Bemühen, das Büßerhemd auszuziehen, kann eine gewisse Zeit in Anspruch nehmen. Bei einigen dauert es ziemlich lange, weil es bereits wie eine zweite Haut eingewachsen ist. Jedenfalls wirst du nicht daran vorbeikommen, mit aggressiven Impulsen gegen die Opferrolle anzutreten. Die vorwärts treibende Urkraft wartet darauf, von dir endlich zum Einsatz gebracht zu werden – zu deinem Wohlergehen. Sobald du einmal erlebt hast, wie es sich anfühlt, sich nicht mehr in Abhängigkeit von irgendwelchen Idioten zu wissen, wenn du deine feurige Kraft spüren kannst, selbst das Steuer in die Hand nimmst und die Richtung bestimmst, wirst du eine Ahnung davon bekommen, wie es ist, wenn du so sein kannst, wie dich die Schöpfung gemeint hat. Selbst wenn du immer wieder in alte Muster zurückfällst, spielt das keine Rolle – sei also auch in dieser Angelegenheit nachsichtig mit dir.

Misstrauen verabschieden

Wer mit Misstrauen durchs Leben geht, ist zu vergleichen mit einem Fahrradfahrer, der zwar in die Pedale tritt, aber gleichzeitig bremst. Wer anderen misstraut, zweifelt auch an sich selbst. Eines der typischen Merkmale bei selbstwertarmen Frauen ist eine grundsätzliche Verunsicherung den eigenen Gefühlen gegenüber. Wenn es uns nicht gelungen ist, in uns jenen heimatlichen Ort zu erschließen, wo wir uns mit uns und der Welt einverstanden fühlen, gondeln wir überall herum – nur nicht in unserer Mitte. Mal schleudert es uns in die obersten Etagen größenwahnsinniger Selbstüberschätzung – wir gründen Menstruationsvereine, lassen im Mondschein Tampons und Binden tanzend hochleben und zelebrieren Weiblichkeit –, mal peinigen uns schier unüberwindbare Versagensängste, und wir fühlen uns wie die letzten Schlampen.

Wem bereits als Kind die eigene Mitte ausgeredet wurde, hat die Selbstverständlichkeit, seinen eigenen Gefühlen zu vertrauen, nie kennengelernt. Es gibt Kinder, denen ihre eigene Traurigkeit ausgeredet wird. Je nach Familienideologie. In gewissen Familien ist es verpönt, traurig oder nachdenklich zu sein. Genauso gibt es auch das Gegenteil. Vor allem in betont religiösen Familien, die sich besonders starr an kirchliche Dogmen halten, lässt sich eine eigenartige Abwehr von Gefühlen der Freude und des Beschwingtseins feststellen. Wenn Kinder aus solchen Familien übermütig sind, weil sie sich einfach am Leben freuen und ihnen das Herz im Leibe hüpft, dann wird das Glücksempfinden mit einer schwerwiegenden Mahnung belegt: «Nach dem Lächlein gibt's ein Bächlein.» Das heißt, die Strafe folgt auf dem Fuß. Dieses Diktat, das von außen an das Kind gerichtet ist, hat verheerende Folgen. Es führt dazu, dass die unterschiedlichen Stimmungen, die nun mal zum Leben gehören, nicht wahrgenommen werden dürfen, geschweige denn explizit zum Ausdruck gebracht werden können. So verlernen Kinder, ihren Gefühlen zu vertrauen, sie orientieren sich nach außen, versuchen herauszufinden, welche Gefühle denn erlaubt und erwünscht sind. Es ist also nicht verwunderlich, wenn wir dann als erwachsene Menschen nicht mehr genau wissen, was oben und unten ist, was wir fühlen, was wir tun oder lassen wollen. Die Orientierung am Eigenen geht verloren. Wenn es uns nicht gelingt, uns wieder in uns selbst zu orientieren, ist der Weg zu unserer inneren Quelle verstellt.

Jede von uns trägt aber auch ein tiefes, oft verborgenes Wissen über die eigenen Entwicklungsmöglichkeiten in sich. So wie jede Pflanze in ihrem Samen die Information für ihre zukünftige Entwicklung enthält, so hat auch der Mensch seine ganz individuellen Anlagen. Eine Tulpe wird zur Tulpe. Eine Nelke zur Nelke. Sie muss nicht in Erfahrung bringen und anschließend darum ringen, wo es langgeht. Sie entwickelt sich einfach so, wie die Schöpfung es vorgesehen hat. Das menschliche Wesen aber muss noch etwas dazu tun: Es muss zuerst herausspüren, welche Begabungen und Fähigkeiten in ihm angelegt sind. Und dann muss es die Verantwortung dafür übernehmen, dass sich die Anlagen entfalten können. Der Mensch muss also sein Einverständnis dafür geben, dass sich alles entwickeln kann, was als Anlage vorhanden ist. Es gibt im menschlichen Leben wohl keine größere Kränkung, als wenn die angelegten Begabungen und Fähigkeiten nicht zur Entfaltung gelangen können. Gerade bei Frauen sind durch die gesellschaftsbedingten Rollen die Möglichkeiten, sich zu entfalten, stark eingegrenzt oder gar unmöglich gemacht. Es gibt genug erschütternde Berichte von Frauen, die aufzeigen, welche Qualen ein Begabungsstau verursachen kann.[8]

Um aber herauszufinden, in welche Richtung wir uns entwickeln wollen, müssen wir einen direkten Zugang zu diesem in uns angelegten Programm haben. Und dies ist nur möglich, wenn wir Kontakt zu unserer Mitte spüren. Deshalb ist es so wichtig, wieder eine Vertrauensbasis zu unseren Gefühlen herzustellen und sie nicht ständig anzuzweifeln und in Frage zu stellen. Es ist der Boden, auf dem Selbstvertrauen entsteht. Schließlich ist dies auch ein Bündnis mit uns selbst, uns unverbrüchlich die Treue zu halten. Ein Treuebruch gegen sich selbst ist der wirklich einzige Bruch, der sich verheerend auswirkt und unter allen Umständen vermieden werden sollte.

Jetzt möchte ich dir aber zeigen, was zu tun ist, um den Weg wiederzufinden, der dich nach Hause bringt. Hänsel und Gretel haben sich zweimal in die Irre führen lassen. Obwohl sie sich vorsahen und im Wald Brotkrumen streuten, suchten sie den Weg umsonst. Die Vögel fraßen alles weg, und sie irrten umher. Beim dritten Mal aber nahmen sie Kieselsteine und fanden den Weg zurück. Wir sollten also darauf achten, dass wir gut zwischen Brotkrumen und Kieselsteinen zu unterscheiden lernen. Manchmal fühlt sich etwas verdammt gut an, und wir denken, wir hätten die Lösung schon gefunden. Ich denke da vor allem an Beziehungen. Wir fühlen uns in einer Partnerschaft zu Hause, aber kaum haben wir uns so richtig gefreut, sind die Krumen schon von anderen Tieren aufgefressen. Beziehungen können uns niemals eine definitive Heimat geben, aber sie können uns dabei helfen, den Weg zurück zu unserer Mitte zu finden. Solche Beziehungen zeichnen sich durch ein wichtiges Merkmal aus, und es ist von großem Vorteil, darauf zu achten.

Wachstumsfördernde Beziehungen zeichnen sich dadurch aus, dass wir das Gefühl haben: Hier kann ich nichts falsch machen. Wenn du dieses unbeschreibliche Gefühl erlebst, wird es dir möglich sein, dein inneres Paradies zu finden. Es ist die Voraussetzung dafür, dass du allen Regungen und Impulsen, die dir wichtig sind, ungehindert nachspüren kannst, um herauszufinden, wo es langgeht.

Da sich viele Frauen äußeren Erwartungen und Forderungen angepasst haben und sich dabei abhandengekommen sind, ist es nicht einfach, den Weg zurückzufinden. Innere Bilder, die wir mit Gefühlen und bestimmten körperlich wahrnehmbaren Empfindungen in Verbindung bringen, können uns da als Wegweiser gute Dienste leisten und uns wieder in unsere Heimat zurückführen. Versuche, in dir die innere Ofenbank zu finden, die bei vielen Frauen, mit denen ich gearbeitet habe, direkt hinter dem Brustbein sitzt. Aber vielleicht findest du sie auch im Herzbereich oder etwas tiefer in Richtung Bauch. Konzentriere dich zuerst auf den Atem und nehme den Rhythmus des Ein- und Ausatmens zum Anlass, dich allmählich nach innen zu schaukeln. Vielleicht behagt dir das Bild der inneren Ofenbank nicht. Dann stell dir ein anderes vor. Vielleicht möchtest du einen kardinalroten samtenen Fauteuil oder einen großen Stein, jedenfalls etwas, das dir erlaubt, gut darauf zu sitzen.

Vielleicht bist du überrascht, dass ich dir nichts zum Liegen anbiete. Das hat seine Gründe. Wenn wir liegen, geht uns das Gefühl der Selbstverantwortung leicht verloren, wir dösen, lullen uns ein und wünschen uns vielleicht sogar, dass sich jemand um uns kümmert. Und schon geraten wir wieder in die alte Falle. Wenn wir sitzen, ist die Wirbelsäule aufgerichtet und schwingt frei, sie verbindet uns mit oben und unten, mit Himmel und Erde, spannt uns wie ein Bogen und fordert uns auf, die Spannung auszuhalten.

Wenn du mit deiner inneren Mitte, mit deinem wahren Selbst in Kontakt kommst, wirst du ein tiefes Gefühl des Einverstandenseins mit der Welt erleben, vielleicht für eine Minute, vielleicht länger. Sei nicht enttäuscht, wenn es sich nicht um Stunden handelt. In diesen wichtigsten Bereichen genügen kleine Dosierungen. Sie wirken auf jeden Fall.

Versuche, dir dieses Gefühl gut einzuprägen. Damit du im Alltag stets deine Gefühlswelt auf ihre wahre Gültigkeit überprüfen lernst. Wenn du den Weg zu deiner inneren Ofenbank einmal gefunden hast, dann merke dir genau den Weg, wirf überall ein paar Kieselsteine hin, damit du jederzeit zurückfinden kannst. Präge dir wichtige äußere Eckpunkte ein, etwa, welche Gedankengänge du vollzogen hast, um deinen Mittelpunkt aufzuspüren. Vielleicht ist es ein besonderes Erlebnis, ein Bild, ein Gefühl oder ein Geruch, was dir den Weg zu finden hilft. Oder hast du dich von einer Musik begleiten lassen oder von einer bestimmten Bewegung, vielleicht einem Spaziergang durch den Wald? Sammle diese Kieselsteine alle ein und streu sie ganz bewusst in deinen Tagesablauf.

Wenn du einmal nicht weißt, ob du deinen Gefühlen vertrauen kannst, dann folge deinen Kieselsteinen, die dich wie Wegweiser führen. Nimm das, was dich verunsichert, mit auf die innere Ofenbank und prüfe die verschiedenen Gefühle, die dadurch ausgelöst werden. Du wirst sehen, dass es Dinge gibt, die sich absolut richtig anfühlen und noch an Intensität gewinnen.

Hingegen wirst du auch feststellen können, dass du eventuell nicht einmal das Foto eines bestimmten Menschen auf deine innere Ofenbank mitnehmen kannst. Alles in dir sträubt sich. Es entsteht ein Druckgefühl auf der Brust, eine Beengung im Herzbereich oder eine andere körperlich unangenehm wahrnehmbare Empfindung. Dies sind dann deutliche psychische und physische Hinweise, auf der Hut zu sein, um gewisse Veränderungen in deinem Leben vorzunehmen.

Du weißt schon, worauf ich hinaus will: auf den Partner. Ja, es gibt Partner, die uns wirklich nicht guttun. Sie halten uns von uns selbst fern. Verstellen den Weg. Irgendetwas in uns denkt: «Ich kann ohne ihn nicht leben.» Obwohl er vor deiner Haustür steht und dir den Eintritt zu deinem eigenen Haus verwehrt. Oder auch nur deine schönsten und sonnigsten Räume besetzt. Aber auch dann wirst du nicht darum herumkommen, aufzuräumen und die Dinge beim Namen zu nennen. Es braucht nicht gleich zu einer Trennung zu kommen, aber sicher bedarf es ein paar deutlicher Worte. Vielleicht musst du einfach lernen, dich abzugrenzen. Dafür solltest du Sätze auswendig lernen wie: «Bis hierher und nicht weiter!»

Viele haben größte Mühe damit, ihr Territorium zu beanspruchen und notfalls auch zu verteidigen. Sie kommen sich anmaßend vor, haben Angst, als überheblich zu gelten. Wirf diese Gewissensbisse in den Müll, dort gehören sie hin. Weiß der Henker, wer dir das beigebracht hat! Es ist ein untaugliches Programm, den eigenen Wert auf Sparflamme zu drosseln. Das hat nichts mit Bescheidenheit zu tun. Denk daran: Du hast dieses Leben nicht geschenkt bekommen, um es verlottern und verwahrlosen zu lassen.

Das Leben ist das kostbarste Gut, das du besitzest, und dafür bist du verantwortlich. Damit du dich nicht am Ende deines Lebens fühlst wie ein gerupftes Huhn.

Wir müssen unseren Schatz verteidigen, notfalls Streit wagen und kämpfen. Um dieser Aufgabe gerecht zu werden, steht uns das Urprinzip Aggression zur Verfügung. Auf diese vorwärtsstrebende Energie zu verzichten, wäre Wahnsinn. Es gibt Dinge, die sich oft nur energisch und zielsicher anpeilen und verteidigen lassen. Mit dem vorwurfsvollen Blick einer Leidenden ist nichts zu gewinnen, höchstens ein Magengeschwür und andere körperliche Misslichkeiten aller Art. Die Friedenspfeife kannst du dann paffen, wenn du deine Arbeit getan hast.

Die Grünkraft sprießen lassen

Obwohl es den meisten Frauen theoretisch durchaus einleuchtet, dass Aggression eine der wichtigsten Voraussetzungen für eine selbstbestimmte Lebensführung ist, fällt es vielen in der Praxis äußerst schwer, diesem Urprinzip den ihm zustehenden Platz einzuräumen. Wir beklagen uns und jammern, dass sich Männer einfach das holen, was ihnen gefällt. Und wir stehen daneben und schauen zu, wie sie uns die schönsten Salatköpfe aus unserem Garten klauen.

Wir zelebrieren unsere Friedfertigkeit und Geduld – das sind schließlich die Frauentugenden Nummer eins. Für viele Frauen ist dies die einzige Möglichkeit, anerkennend hinterm Ohr gekrault zu werden. Es ist noch nicht lange her, als eine Frau dann hoch geachtet war, wenn sie sich ihrem saufenden und prügelnden Ehemann ohne Gegenwehr für das Ausleben seiner destruktiven Aggressionen zur Verfügung stellte – möglichst lebenslang.

Die Wehrhaftigkeit der Frau ist nicht gefragt. Wehrhaftigkeit und sexuelle Stimulanz für den Herrn vertragen sich schlecht, deshalb gilt Aggression als unweiblich. Und damit ist uns der Wind aus den Segeln genommen. Um unsere Grünkraft sprießen lassen zu können, müssen wir zuerst für uns Weiblichkeit neu definieren. Mache dir ein Bild von einer Frau, die ihre Stärke mitsamt allen vorwärtsstrebenden Impulsen lebt. Und wenn du fürs Erste übers Ziel hinausschießt und dabei deine anschmiegsame Samtpfotigkeit und deine fragile Zurückhaltung auf der Strecke bleiben, spielt das keine Rolle. Ich bin zuversichtlich. Ich habe viele Frauen in diesem Prozess begleitet und erlebt, dass wir das, was in uns ist, nicht verlieren können, nur weil wir angriffsfreudig unsere Ziele verfolgen.

Vielleicht hast du ein Vorbild und denkst: «So wie die möchte ich auch sein.» Dann stecke dir dieses Bild in deine Jackentasche, hole es immer wieder hervor, um dich zu stärken. Es gibt nämlich nicht nur negative, sondern auch positive Projektionen. Und wenn du bei einer anderen Frau besonders schlagkräftige Eigenschaften entdeckst, dann heißt das, dass in dir diese Möglichkeiten ebenfalls vorhanden sein müssen, sonst könnten deine Antennen sie nicht aufnehmen. Wir nehmen selektiv wahr. Nur das, was in mir auf Resonanz stößt, prägt sich mir ein. Es ist nicht möglich, kraftvolle Verhaltensweisen bei einer anderen Frau wahrzunehmen und selbst ein völlig geknicktes, kraft- und saftloses Gänseblümchen zu sein. Im Kapitel über Projektion wirst du mehr über den interessanten psychologischen Hintergrund erfahren.

Und wenn dich gelegentlich moralische Zweifel beschleichen und du dich fragst, ob du überhaupt das Recht hast, dich durchzusetzen und deine Energie zum Einsatz zu bringen, dann ruf dir das Folgende in Erinnerung: Das Leben ist ein kostbares Geschenk, das kostbarste überhaupt. Den Himmel über sich ausgespannt fühlen und mit allen Sinnen die prickelnde Freude erleben – das bist du! Was willst du mehr? Du hast aber diese Gabe nicht erhalten, damit du sie verkommen lässt und jedem Idioten erlaubst, dass er dich anpinkelt, seinen Müll über dich kippt oder verhindert, dass du dir deinen Teil vom großen Weltkuchen nimmst. Du musst dich also niemals mit der Frage herumquälen, ob du überhaupt ein Recht hast, dich für dich einzusetzen. Du hast nämlich nicht nur das Recht, sondern die Pflicht, dein Selbst zu verteidigen, damit alles, was in dir angelegt ist, grünen und blühen und zur Entfaltung kommen kann.

Wirf also alles Hinderliche ab. Geh durch dein wunderschönes Haus und miste aus, was da nicht hingehört. Schau dir die Gäste gut an, die sich bereits heimisch niedergelassen haben und womöglich die Luft verpesten. Nur den höflichen Gästen, die sich deiner Hausordnung fügen, kannst du einen Platz anbieten. Aber setze Grenzen. Sag ihnen, wann es Zeit ist, wieder zu verschwinden. Und wenn dich irgendwo jemand beleidigen, kränken oder demütigen will, lass es nicht zu! Schütz dich gegen solch toxische Beziehungen.

Du fragst dich wahrscheinlich: «Wie soll ich das denn machen?» Indem du dich grundsätzlich für dich und dein Wohl entscheidest. Keine Angst, du wirst nicht zu einer hoffnungslosen Egomanin und gehst fortan über Leichen. Du hast noch genug Einfühlung in dir und du verlierst den Blick für das Wohlergehen anderer nicht, selbst wenn du das deinige ebenfalls ernst nimmst. Deine sozialen Impulse erhalten höchstens eine sinnvolle Ergänzung. Denk an die läutenden Glocken des christlichen Abendlandes, die dir den Satz ins Ohr bimmeln: «Liebe deine Nächsten wie dich selbst.»

Lerne an erster Stelle, Nein zu sagen: Nein, ich will nicht! Nein, das mache ich nicht!

Nein zu sagen ist ein wunderbares Lernprogramm, den eigenen aggressiven Impulsen zum Durchbruch zu verhelfen. Das Wörtchen Nein ist die Absage, allen gefallen zu wollen, ist eine grundsätzliche Absage an sämtliche Manipulationsversuche anderer. Wenn du eine typische Ja-Sagerin bist, heißt das, dass du oft Ja sagst, bevor du dich gefragt hast, ob du damit einverstanden bist; einfach so, aus einem altgewohnten Reflex. Hinterher fällt dir ein, dass du eigentlich hättest Nein sagen müssen. Du könntest dir aus dieser zweifellos sehr unangenehmen Situation helfen, indem du es dir zur Aufgabe machst, mindestens dreimal am Tag aus Prinzip Nein zu sagen. Das baut den Verteidigungsmuskel systematisch auf, es stärkt dir den Rücken. Du kannst nicht Nein sagen und gleichzeitig den Kopf zwischen den Schultern eingezogen halten. Das geht nicht. Vielleicht tut es dir gut und stärkt dich, wenn du dir eine direkte Verbindung vom Scheitel zum Himmel vorstellst, damit du dich schön gerade aufgerichtet fühlst. Es ist die würdevolle Haltung der Frau, die dir zusteht.

Such dir eine Musik aus, die dich aufrichtet, dich wie eine Katze sprungbereit macht und dich derart stärkt, dass du jeden Angriff sofort abzuwehren imstande bist.

Wir sollten auch auf die Schuhe achten, schließlich stehen wir mit den Füßen auf dem Boden. Es gibt Latschen, in denen kannst du schlurfen und watscheln wie eine Ente, nur gehen kannst du darin nicht. In Stöckelschuhen kannst du weder gehen noch stehen, nur staksen und herumtrippeln und den Bauch einziehen. «Eine Frau auf Stöckelschuhen verdammt sich selbst zum Hohlkreuz und betrügt sich um die Kraft aus der Mitte, aus dem Beckenboden, dem Ursprung des aufrechten Gangs und – des Frauseins», schreibt Benita Cantieni.[9] Und weiter schreibt sie: «Dieser Menschwerdungsprozess beginnt damit, dass wir Frauen das bescheuerte herrschende Schönheitsideal boykottieren.» Versuche dich von sämtlichen Lächerlichkeiten, die als besonders weiblich gelten, zu verabschieden. Ihre einzige

Funktion ist, das männliche Geschlecht bei Laune und dich von deiner Intelligenz fernzuhalten.

Wähle also eine Musik, die dich besonders kraftvoll stimmt. Wir haben im Frauenseminar mit dem «Bolero» von Maurice Ravel ausgezeichnete Erfahrungen gemacht. Die Frauen tigern im Takt durch die Gänge oder schreiten mit ihrer geballten Ladung aufgestauter Wut so lange auf und ab, bis der wehrhafte Impuls aus ihnen ausbricht. Manchmal zerreißt ein Schrei die Musik, manchmal vollzieht sich alles im Inneren und ist nach außen hin kaum sichtbar.

Die Wut ist ein guter Wegweiser. Sie führt uns auf direktem Weg zur Lumpen- und Alteisensammelstelle. Es sind tausend kleinere oder größere Ärgernisse, die wir gesammelt haben. Es sind die vielen Kränkungen, die wir, einfach, pfleglich und friedliebend, wegzustecken versuchten.

Es kann sein, dass sich im Lauf deines Lebens eine richtige Wut-Müllhalde angesammelt hat, die allmählich zu stinken beginnt. Die einzige Möglichkeit, den ganzen Mist wieder loszuwerden, ist, endlich den Unrat wegzusprengen. Vielleicht willst du alles aus dir herausschreien oder willst es jemandem erzählen, der dir zuhört, dich nicht unterbricht, nicht zurechtweist, keine Rat-Schläge erteilt und sich in puncto Belehrung zurückhält. Oder vielleicht willst du alles aufschreiben, Wort für Wort, willst deiner Wut und deiner Empörung eine Sprache geben und sie zum Ausdruck bringen. Damit du endlich frei wirst. Und du wieder über alles verfügen kannst, was in dir angelegt ist.

Und wenn der Partner schlappmacht?

Ich will die Sache nicht beschönigen. Deine Befürchtungen, der Partner könnte klein beigeben, den Schwanz einziehen und verduften, wenn du plötzlich dein Leben in die Hand nimmst, deine Kraft spürst und sie zum Ausdruck bringst, ist nicht unbegründet. Ich schätze, die Chancen stehen fünfzig zu fünfzig. Nun ist Umdenken angesagt. Wie leicht lassen wir uns von unseren Ängsten ins Bockshorn jagen, passen uns an, geben uns mit unerfreulichen Beziehungen zufrieden, nehmen sogar unzumutbare Verhältnisse in Kauf, nur weil wir befürchten, vom Partner verlassen zu werden – obwohl gerade Trennung eine Befreiung wäre.

Da sich unsere Bemühung für mehr Selbstbehauptung oft in der Auseinandersetzung der Mann-Frau-Beziehung abspielt, lauert bei jeder kritischen Anmerkung über männliches Verhalten das Argument, männerfeindlich zu sein. In meinem Falle muss ich dich enttäuschen: Ich bin es nicht. Im Gegenteil, ich mag Männer. Und vieles, was wir ihnen als unflätiges, rücksichtsloses und egoistisches Verhalten ankreiden, lässt sich aus einer langen fehlgeleiteten Entwicklung ableiten. Zudem erleben sich immer mehr vor allem jüngere Männer in einem Veränderungsprozess und sind nicht mehr bereit, den alten Männlichkeitsklischees zu entsprechen.

Es gibt Männer, die sich in keiner Weise bedroht fühlen, wenn die Partnerin selbstbewusster und selbstbestimmend wird. Im Gegenteil: Sie freuen sich.

Ich habe es im Rahmen unseres Ausbildungsprogrammes im Frauenseminar immer wieder erlebt, wie sich zu Beginn die Ehemänner und Partner der Frauen, die bei uns studierten, verunsichert fühlten. Sie wussten nicht, wohin die Reise gehen würde, sie spürten nur, dass sich die Partnerin veränderte. Ich habe immer versucht, möglichst transparent zu machen, was hier eigentlich geschieht. Und ich erklärte den beunruhigten Männern, dass die Frau, durch die vielen Einflüsse der Entwertung, denen sie ausgesetzt ist, etwas von ihrem Weg abgekommen sei und den Kontakt zu ihrer Mitte verloren habe. Nun aber sei sie gerade dabei, den Heimweg zu ihrem wahren Selbst ausfindig zu machen. Und da könne es schon sein, dass sie auch Verhaltensweisen zurücklassen werde, die sie daran hinderten, ihre Heimat zu finden. Diese Männer ließen sich von ihren Frauen dazu inspirieren, sich selbst ebenfalls besser kennenzulernen, sich Fragen nach der eigenen inneren Mitte zu stellen und sich darüber hinaus grundsätzlich Gedanken über den Sinn des Daseins zu machen.

Wenn ein Mann verstehen lernt, was es heißt, mit einer selbstbewussten Frau zusammen zu sein, wird er diese Entwicklung nur voller Verständnis bejahen können. Denn auch er wird davon profitieren. Er wird nämlich unverzüglich aus der Täterrolle entlassen, da die Frau sich für ihr Glück selbst verantwortlich fühlt. Und es gibt ja wirklich nichts, was eine Beziehung stärker belastet, als wenn dauernd die heißen Kartoffeln unter dem Tisch herumgereicht werden und die Schuldfrage zum wichtigsten Partnerthema geworden ist. Selbstbewusste Frauen sind die besseren Partnerinnen. Denn sie fühlen sich für ihr Wohl verantwortlich und sagen, was sie wollen. Der vorwurfsvolle Blick beim Abendessen entfällt. Die stumme Schuldzuweisung ist verpufft. Welche Möglichkeiten, sich wirklich zu begegnen!

Selbstverständlich gibt es aber auch andere Männer, denen es unmöglich ist, sich auf ein solches Wagnis einzulassen. Es gelingt ihnen nur, sich stark und entsprechend gut zu fühlen, wenn die Partnerin schwach ist, von ihnen abhängig und unterlegen. Die eigene Selbstwertarmut und das daraus resultierende schwache Selbstbewusstsein müssen vom Mann durch ein aufgeblasenes Imponiergehabe überspielt werden. Ein Macho verträgt keine selbstbewusste Frau, dafür ist sein eigenes Selbstwertgefühl viel zu schwach. Und eine selbstbewusste Frau kann einem solchen Mann wenig Sympathie entgegenbringen. Höchstens kann sie tiefes Bedauern für ihn empfinden, weil sie wahrnimmt, wie ein Mensch sich meilenweit von sich entfernt hat.

Dies zeigt sich vor allem im sexuellen Bereich. Bei nicht wenigen Männern springt sexuelle Erregung nur unter der Bedingung einer hierarchischen Oben-unten-Beziehung an. Jede symmetrische Beziehungsachse würde sie in ihrer Männlichkeit derart verunsichern, dass sie schlappmachen – in jeder Beziehung. So kommen Vergewaltigungen in einer eindeutig hierarchischen Gefühlskonstellation zustande: Größtmögliche Erniedrigung der Frau erzeugt größtmögliche Lust beim Mann. Barbarische Kombi-Methoden von Folterungen und sexuellem Lustgewinn im kriegerischen 21. Jahrhundert! Das Patriarchat lässt grüßen.

Nun liegt es an dir zu entscheiden, was du willst. Falls du

mit einem Partner zusammenlebst, der dich nur dann liebt, wenn er dich unterbuttern kann und du mit gestutzten Flügeln in der Ecke hockst, solltest du dir die Frage stellen: Ist dieses Opfer nicht viel zu groß? Du verzichtest freiwillig darauf, deine Schwingen auszubreiten und in den Himmel hinaufzufliegen. Du verzichtest darauf, dein wunderschönes, geräumiges Haus zu bewohnen, und sitzt stattdessen in einer jämmerlichen Hundehütte.

Letztlich ist es ein Verzicht auf das eigene Leben. Und noch etwas: Stell dir die Frage, ob das, was der Partner für dich empfindet, tatsächlich etwas mit Liebe zu tun hat oder ob du lediglich eine Stützfunktion übernimmst, um sein Größenselbst aufzuplustern. Umfasst Liebe denn nicht den ganzen Menschen, und zwar so, wie ihn die Schöpfung gemeint hat? Wer sich nicht darüber freuen kann, wenn seine Partnerin einen guten Selbstkontakt pflegt, ihr wahres Selbst entdeckt und zur Entfaltung bringt, kann das, was er für sie fühlt, nicht mit Liebe gleichsetzen. Es ist irgendetwas anderes, ein kohlensäurehaltiges Gemisch aus Macht, Besitz und Unterwerfung.

Vielleicht musst du deinen Partner gar nicht aus deinem Leben streichen und dich von ihm trennen. Vielleicht aber ist ein Gespräch fällig. Ein offenes Gespräch, in dem die Dinge beim Namen genannt werden. Und vielleicht bekommt dein Partner plötzlich Lust, sich ebenfalls für das Leben zu entscheiden und nicht an patriarchalen Unterdrückungsstrukturen festzuhalten, die letztlich jede ehrliche und offene Bewegung zwischen den Menschen unmöglich machen.

Wenn alle Stricke reißen sollten und du keine Möglichkeit für eine Fortführung der Beziehung mehr siehst, dann entscheide dich ganz bewusst für das Leben. Stell dich mitten in den Regen, richte dein Gesicht zum Himmel und lass die Regentropfen auf deine Wangen fallen! Vielleicht mischen sich Tränen mit hinein, lass sie fließen. Stell dich in den Wind, stemme dich gegen ihn, erlebe den großen Weltatem, die kraftvolle Puste der Göttinnen! Und wenn es donnert und blitzt, reiß die Fenster auf, lass den Donner durch dein Haus grollen, lass die aufzuckenden Blitze die dunklen Nischen durchleuchten! Vielleicht steigt dann auch eine alte Wut über die verlorene Zeit in dir auf, in der du dich verraten und vergessen hattest. Vielleicht pendelst du zwischen Wut und Trauer, zwischen dem Gefühl der Befreiung und der Dankbarkeit hin und her. Damit du mit jeder Zelle deines Seins das Wunder des Lebens erlebst.

Vielleicht möchtest du in diesem Moment einen weiteren Vertrag mit dir abschließen: Versprich dir, dass du zukünftig alles daransetzen willst, für dich Sorge zu tragen und nie mehr auf deine Kraft, auf deine vorwärtsdrängende Energie zu verzichten. Gib dir dein Ehrenwort, dass du dir nie mehr die Treue brichst, dass du immer zu dir stehst. Und dass du dich liebst bis ans Ende deiner Tage.

Umdenken

Bereits Buddha sagte 560 v. Chr.: «... vom Denken gehen die Dinge aus, sind denkgeboren, denkgefügt ...» Zuerst müssen wir also etwas begriffen haben. Manchmal benötigen wir viel Zeit, um uns überhaupt einen Zugang zu einem bestimmten Thema zu verschaffen. Wir sollten zuerst den alten Schrott wegschaffen, der sich darüber angelagert hat. Und manchmal sind wir einfach zu faul, drücken uns vor der Säuberungsarbeit und nehmen lieber in Kauf, dass ein Gedanke nicht von allen Seiten so frei zugänglich ist, damit wir ihn umkreisen können. Wenn wir das Pech haben, dass alle, mit denen wir zu tun haben, unsere Ansichten teilen, wird unsere Sichtweise nie in Frage gestellt noch unser Gedankengebäude aus den Angeln gehoben. Das ist schlecht. Gerade wenn unsere Argumentationen wie ein Kartenhaus einstürzen, sind wir genötigt, beim Einsammeln der herumliegenden Gedankenfetzen jeden einzelnen nochmals zu prüfen. Dabei kann es leicht geschehen, dass wir ein Teilchen plötzlich von der Rückseite her zu betrachten beginnen. Und dann erhalten wir neue und sehr wichtige Informationen.

Deshalb sollten wir uns so oft wie möglich mit Menschen unterhalten, die andere Ansichten vertreten. Der Religionsphilosoph Herman Weidelener[10] empfahl in einem seiner Vorträge, sich beim Fehlen eines Meinungsgegners selbst die Gegenposition zu schaffen und bei einem Thema abwechselnd den einen und den anderen Pol zu vertreten. Ich nenne das «geistiges Fitnessprogramm». Mit Sicherheit wird es verhindern, dass wir mit zunehmendem Alter geistig sklerotisieren und irgendwann nur noch den Namen unserer Lieblingsspeise auswendig hersagen können.

Diese Methode hat noch einen sehr nützlichen Nebeneffekt. Wir finden sozusagen nebenbei die Gegenargumente.

Das bewirkt, dass wir in Diskussionen über einen Wissens-
vorsprung verfügen. Denn gerade wenn es darum geht, die
Würde der Frau zurückzuerobern, ist es außerordentlich
hilfreich, eingefleischten Patriarchen ihre eigenen Argumente im Voraus aufzutischen. Zudem bewahrt es uns
wirksam davor, dass wir unserer eigenen eindimensionalen
Betrachtung auf den Leim gehen. Dabei schadet es auch
nicht, uns über effektive Strategien bei Diskussionen kundig
zu machen![11]

Nicht wenige Männer halten sich für fortschrittlich und
zeitgemäß, bezeichnen sich selbst als frauenfreundlich, gar
als frauenfördernd. Und es kommt immer wieder vor, dass
eine besondere erotische Begeisterung für das weibliche Geschlecht als männliche Emanzipation angesehen wird. Ein
Manager enthüllte mir während eines Fluges von Zürich
nach Hamburg, er sei ein ausgesprochener Feminist. Als ich
es etwas genauer wissen wollte und nach Beispielen fragte,
erfuhr ich, dass er nicht in der Lage sei, einer Frau zu wider-
stehen – obwohl er seine ihm angetraute Frau sehr liebe. Er
nuschelte an meiner Schulter: «Ich liebe die Frauen. Die
schönen noch viel mehr als die weniger schönen.» Na also.

Auch kann sich ein Mann gönnerhaft aufplustern und erzählen, wie sehr er seine Frau, und selbstverständlich ebenfalls seine Sekretärin und gleichermaßen seine Töchter in
all ihren Bemühungen um Gleichberechtigung unterstütze,
und allein diese Aussage bereits als Indiz frauenfördernden
Verhaltens ansehen. Das hört sich zunächst gut an, und
nicht selten sind wir von solchen Aussagen derart entzückt,
dass uns die Fähigkeit zu kritischer Überprüfung jäh ab-

handenkommt und wir sie nicht weiter hinterfragen. Das ist ein Fehler. Denn bereits wenn wir nach Beispielen fragen, werden wir ernüchtert feststellen müssen, dass es mit der «frauenfördernden Freundlichkeit» nichts auf sich hat.

»Meine Frau wollte unbedingt einen Ausbildungskurs besuchen. Selbstverständlich habe ich ihr sofort meine Einwilligung gegeben. Auch gehöre ich zu den Männern, die Hausarbeiten übernehmen – ist doch klar.» Normalerweise sind Frauen erwachsene Menschen und treffen eine Entscheidung selbst und müssen nicht erst bei einer anderen Person um Einwilligung nachsuchen. Allein die Vorstellung, dass da jemand sitzt und ihr Anliegen überprüft, ist für eine Frau äußerst demütigend. Viele Frauen haben sich aber bereits so an diese versteckten Demütigungen gewöhnt, dass sie sie nicht einmal mehr richtig registrieren.

Ebenso können wir von fortschrittlichen Männern die frohe Botschaft vernehmen, dass sie durchaus nicht abgeneigt sind, gewisse Hausarbeiten und eventuell sogar auch Aufgaben in der Kinderbetreuung zu übernehmen. Was heißt das? Wer etwas übernehmen kann, dem steht es auch frei, eine Aufgabe abzulehnen oder wieder zurückzugeben. Sich an Kinderbetreuung und Haushalt zu beteiligen bedeutet immer: wenn es der Zeitplan erlaubt und gerade Lust dazu vorhanden ist. Frauen haben gar keine Wahlmöglichkeit. Sie müssen die Verantwortung übernehmen, ob sie wollen oder nicht. Ohne Wenn und Aber. Da es sich hier um ein gut kostümiertes und verkapptes patriarchales Verhalten handelt, ist es für viele nicht einfach, diese schädigende Struktur aufzudecken. In diesem Falle hat der Wolf nur Kreide gefressen, damit seine Stimme etwas höher ist. So fällt es den betreffenden Ehefrauen und Partnerinnen äußerst schwer, die Entwertung aufzudecken und zu durchschauen. Viele Frauen aber weigern sich, genau hinzusehen, und ziehen es vor, das begeisterte Loblied über den Göttergleichen zu singen: «Mein Mann würde mir alles erlauben!»

Wir müssen uns fragen, ob die Frau tatsächlich voll und ganz an den ihr zustehenden Rechten partizipiert oder ob sie eher Almosenempfängerin ist. Die Frage nach den Eigentumsverhältnissen etwa, auf wessen Namen Haus, Auto, Aktien und Wertpapiere registriert sind, bringt rasch Klarheit und zeigt die viel gepriesene Gleichberechtigung schwarz auf weiß. Und meist erübrigt sich dann jedes weitere Argumentieren. Stattdessen ist unverzügliches Handeln angesagt.

Hast du dich auch schon einmal gefragt, was du alles mitfinanzierst – ohne davon eine Ahnung zu haben? Zum Beispiel richtet sich Werbung vor allem an Frauen. Du zahlst mit jeder Zahnpasta auch noch den Boxkampf. Mit jedem Fertig-Nudelgericht den Westernfilm und mit jeder Always-Binde das Gaga-Ratespiel mit dem oberschmalzdackligen Moderator, dem eine sexuell stimulierende Assistentin die neonfarbenen Bällchen zuwirft. In den meisten Familien residiert der Fernseher mitten im Zentrum des Wohnbereiches, dem Wohnzimmer. Und da sich viele Frauen nicht in ein eigenes Zimmer zurückziehen können, weil sie keines besitzen, sind sie den Programmen ausgesetzt, die nur ein einziges Familienmitglied interessiert. Frauen versuchen, sich in solchen Situationen über Wasser zu halten, indem sie etwa einer Handarbeit nachgehen. Wenn Frauen ihre ganze Familie mit Gehäkeltem ausrüsten, ist dies ein Zeichen, dass sie sich durch das Handarbeiten einen Ort sichern, in dem sie selbstbestimmend einem noch verbliebenen Restchen ihrer Kreativität Ausdruck verleihen können, ohne dabei andere zu stören. Für viele die einzige Möglichkeit, dem Ghetto der Fernseh-Dauerberieselung zu entkommen.

Wir haben uns längst an diese Missstände gewöhnt, und deshalb ist es so wichtig, zunächst einfach die Muster zu erkennen und mit anderen darüber zu sprechen. Damit wir uns recht verstehen: Ich meine nicht, dass wir unentwegt allen Menschen, mit denen wir zu tun haben, unsere Beobachtungen um die Ohren schlagen sollten. Die Phase des giftigen Vorwurfs lassen wir lieber hinter uns. Er führt in die Wüste, wo sich alle genervt von uns abwenden und uns niemand mehr zuhören will.

Es geht nur darum, uns immer wieder im guten Selbstkontakt zu üben und uns an unserem inneren Ausgangspunkt zu orientieren. An dem Ort, wo wir noch im Vollbesitz unserer Menschenwürde waren, als Frauen mit ihrer ganzen Kraft und ihrer schöpferischen Entfaltungsenergie gewürdigt und hoch geachtet waren. Ich gehe davon aus, dass wir noch eine Urahnung in unseren Zellen tragen, die sich wie ein Wegweiser immer wieder meldet, wenn wir vom Weg abkommen. Damit es uns gelingt, die Spur zu halten, ist es hilfreich, sich über die unterschiedlichen Beeinflussungen Gedanken zu machen, die unser einst intaktes Selbstwertbewusstsein torpediert haben.

BILANZ

Wär' ich ein Jäger auf freier Flur,
Ein Stück nur von einem Soldaten,
Wär' ich ein Mann doch mindestens nur,
So würde der Himmel mir raten;
Nun muß ich sitzen so fein und klar,
Gleich einem artigen Kinde,
Und darf nur heimlich lösen mein Haar,
Und lassen es flattern im Winde!

Annette von Droste Hülshoff, Am Turme

Feministisches Possenspiel

Noch heute kommt die Bezeichnung «Feministin» einer Beschimpfung gleich; oft ist sie sogar Ausdruck tiefer Verachtung. Wird eine Politikerin oder eine andere bekannte Prominente gefragt, ob sie wohl eine Feministin sei, kommt die Antwort mit einer derartigen Heftigkeit, dass man meinen könnte, die betreffende Person sei von einer Tarantel gestochen worden. «Um Gottes willen, wie kommen Sie denn auf diese absurde Idee!» «Mit Feminismus habe ich nichts zu tun», so lauten dann die Antworten und sie werden wie Schüsse aus der Pistole abgefeuert.

Inzwischen ist unter dem Deckmantel des «Feminismus» einiges unterwegs. Bizarres, Schrilles und Vertracktes tummeln sich auf der Je-ka-mi-Bühne, klar, jede kann da mitmachen. Die einst klar umrissen formulierten feministischen Parameter, die da lauten: Gleichberechtigung, Selbstbestimmung und finanzielle Unabhängigkeit sind beinahe verdunstet oder von exotisch anmutenden Düften vernebelt. Wir haben es mit eigenartigen Bewegungen zu tun, deren Credo zusammengefasst lautet: «Ich mache, was ich will.» Das reicht bis hin zu abenteuerlichen Bemühungen, selbst Frontalangriffe auf die Würde der Frau im Windschatten politischen Kalküls als besonders frauenfreundlich zu postulieren. Da will zum Beispiel eine Kampagne Prostitution als «Beruf wie jeder andere» etablieren – was vor allem die Freier erfreuen dürfte. Auch bei geringem Nachdenken sollte der schwerwiegende Irrtum zu erkennen sein. Wenn eine Frau, die sich über Jahre beruflich dem horizontalen Gewerbe gewidmet hat, die Zeit des Anschaffens strategisch zu nutzen wusste, sich eine Eigentumswohnung anzuschaffen, sie zudem in der Lage war, in eine lukrative Versicherungsrente einzuzahlen, damit sie dann, in die Jahre gekommen, den wohlverdienten Ruhestand genießen kann, könnte die körperliche Ausbeutung wenigstens auf der finanziellen Seite als Gewinn verbucht werden. Aber das Gegenteil ist doch der Fall. Demütigungen und Entwürdigung hinterlassen Spuren – auch in der Seele. Am Ende der beruflichen Laufbahn stehen dann der Gang zum Sozialamt und das Dasein als Dauerpatientin. Die feministische Forderung nach finanzieller Unabhängigkeit und Selbstbestimmung ist damit in keiner Weise erfüllt.

Ein weiteres Beispiel ist der «Verhüllungs-Feminismus»,

der das Recht auf das Tragen eines Kopftuchs als Recht auf Selbstbestimmung und Schutz beschönigt und vor allem von politisch links stehenden Frauen unterstützt wird. Bis jetzt ist es im westlichen Kulturraum noch keiner Frau mit Kopftuch gelungen, eine politische oder wirtschaftliche Machtposition zu erobern. Obwohl hinlänglich bekannt ist und auch von muslimischer Seite darauf hingewiesen wird, dass das Kopftuch kein Zeichen der Zugehörigkeit zum Islam, sondern ein Bekenntnis zur patriarchalen Gesellschaftsordnung ist, wird hartnäckig daran festgehalten. Besonders bedauerlich ist, dass sich zukunftsorientierte Frauen freiwillig am rückwärtsgewandten Bild der unterdrückten Frau des 19. Jahrhunderts orientieren. Das mühsam Errungene leichtfertig wieder aufzugeben, mehr noch, die Zeichen der Unterdrückung zu rechtfertigen, ist ein Schlag ins Gesicht der Solidarität. Schließlich geht es um alle Frauen, unabhängig von Nation und Glaubenszugehörigkeit.

Einige aus der intellektuellen Jung-Szene bekämpfen ausgerechnet jene Frau, die am meisten für sie getan hat, mehr noch, sie distanzieren sich von ihr: Alice Schwarzer. Lauthals verkünden sie, die alten Themen seien endgültig passé. Die alten Feministinnen sollen endlich die Klappe halten und abtreten, um den jungen Platz zu machen. Schließlich sei der neue Feminismus ganz anders und verfolge andere Ziele. In der größten Schweizer Sonntagszeitung[12] war in einem Interview mit Anne-Sophie Keller, die als Aushängeschild des neuen Schweizer Feminismus gilt, zu erfahren, um was es geht: Gleichberechtigung, Selbstbestimmung, finanzielle Unabhängigkeit. Wie bitte? Klingt irgendwie bekannt.

Sich von den Wurzeln abzukoppeln führt in der Regel ins Aus. Familienunternehmen etwa fahren mit schöner Regelmäßigkeit gegen die Wand, wenn es der jungen Generation nicht gelingt, das von den Altvorderen Geleistete in den weiteren Auf- und Ausbau einzubringen. Wir hätten guten Grund, uns auf Alice Schwarzer zu berufen, mehr noch, wir könnten gar stolz darauf sein, dass sich eine Frau über Jahrzehnte mutig für die Rechte der Frau starkgemacht und sich dabei vielen Angriffen ausgesetzt und beherzt die Stirn geboten hat. Als sie bereits auf die Barrikaden stieg, trippelte ich noch in High Heels und aufgeklebten Wimpern herum und hoffte auf männliche Resonanz. Ich verstand ihre Botschaft nicht, hielt mich damals für frei und unabhängig und ging davon aus, die Welt stünde mir offen. Den Rest hat das Leben erledigt. Und erst allmählich dämmerte mir, wie patriarchale Strukturen dafür gesorgt haben, dass weibliche Stärken in beinahe allen Bereichen durch einen systematischen Entwertungsprozess ihre ursprüngliche Kraft eingebüßt haben oder bis zur Unkenntlichkeit entstellt worden sind. Und es fiel mir wie Schuppen von den Augen, dass sich auf dieser Basis kein kraftvolles Selbstbewusstsein entwickeln kann.

Die Bildung eines gesunden Selbstbewusstseins hängt weitgehend von der Fähigkeit ab, ein Gefühl für die eigene Identität und den eigenen Selbstwert entwickeln zu können. Dabei spielt das Umfeld eine große Rolle. Ein Kind erlebt sich und seinen Wert im Spiegel der Resonanz seiner ersten

Bezugspersonen. Diese Erfahrungen bilden die Basis. Durch die Reaktion seines erweiterten sozialen Umfeldes lernt es im Lauf des Heranwachsens mehr über seinen Wert. In unserer vorwiegend von Männern dominierten Welt wird Weiblichkeit instrumentalisiert oder funktionalisiert. Das zeigt sich vor allem auch daran, dass weibliches Verhalten nach wie vor damit identifiziert wird, sich möglichst attraktiv zurechtzumachen. Dies wirkt wie eine Gehirnwäsche und führt dazu, dass sich ein heranwachsendes Mädchen als grundsätzlich unwert und nicht richtig fühlt – es sei denn, sie erfülle die in den Medien propagierten Vorgaben.

Wir verfügen noch immer nicht über ein breites Spektrum weiblicher Rollen, in denen sich weibliche Fähigkeiten im vollen Umfang zum Ausdruck bringen lassen. Es fehlt an geeigneten Vorbildern, die einem Mädchen zeigen, wie sich eine Frau ihren eigenen Neigungen und besonderen Begabungen gemäß entwickeln und ausbilden kann. Nach wie vor gibt es zwei als sicher geltende Wege, um es als Frau zu etwas zu bringen: entweder sexuell stimulierend zu agieren oder versorgerische, pflegerische und dienende Funktionen zu übernehmen. Doch damit bleibt der weibliche Lebensentwurf in altbewährten Traditionen und den damit verbundenen Einengungen und Beschneidungen stecken.

Wer also unter mangelndem Selbstbewusstsein oder überdimensioniertem Streben nach Perfektion leidet, ist nicht etwa «falsch gewickelt» oder gar krank. Im Gegenteil: Die betreffende Frau stellt ein hohes Maß an psychischer Gesundheit unter Beweis, indem sie auf krank machende Umstände, die ihr häufig gar nicht die Wahl lassen, auf diese

Weise reagiert. Sie hält an ihrem gespürten Selbstwert so gut fest, wie es ihr unter den gegebenen Verhältnissen möglich ist, statt einfach hinzunehmen, ihren kostbarsten Besitz durch Geringschätzung entwerten zu lassen. Somit sollte das Leiden an mangelndem Selbstbewusstsein als ein durch und durch gesunder Impuls verstanden werden, über den wir uns sogar freuen könnten.

Wenn eine Kaffeemühle nur rattert und keine Bohnen mahlt, lesen wir die Gebrauchsanweisung. Wenn der Computer streikt, holen wir den Informatiker. Wenn wir aber psychisch in Bedrängnis geraten und es uns beinahe nicht mehr möglich ist, unser Leben auch nur einigermaßen zufriedenstellend zu gestalten, gehen wir möglicherweise davon aus, dass es sich um einen individuellen Defekt handelt, der aufgrund unserer schlechten Disposition nicht zu beheben sei.

Ein typisch weibliches Verhaltensmuster ist Selbstbezichtigung. Ohne nachzusehen, ob sich die Messer überhaupt bewegen lassen, machen wir uns den Vorwurf zu eigen, dass keine Bohnen gemahlen werden. Und sollten wir später feststellen, dass die Messer stumpf, blockiert oder womöglich überhaupt nicht vorhanden sind, fühlen wir uns dennoch schuldig. Die meisten Frauen zeigen eine hohe Bereitschaft, Schuldgefühle zu übernehmen. Bei einigen geht das so weit, dass sie Schuldgefühle entwickeln, wenn sie sich gut und mal nicht schuldig fühlen. Genau dieses Sich-schuldig-Fühlen aber hindert uns daran, genau hinzuschauen. Wir senken unseren Blick schon zu Boden, bevor wir uns auch nur selbst verstanden haben.

Es gibt Verhaltensweisen, die ohne eine Gebrauchsanleitung für die Kaffeemühle nicht zu verstehen sind. Allfällige funktionale Störungen hingegen lassen sich womöglich gar nicht beheben. Es ist zweifellos einfacher und trägt durchaus zur Aufrechterhaltung einer patriarchalen Ordnung bei, wenn sich Frauen weiterhin im leicht narkotisierten Zustand befinden und den Ursachen nicht auf die Schliche kommen. Je weniger wir über uns wissen, desto weniger entdecken wir auch unsere Begabung, unsere Stärke und unser tiefes inneres Wissen. Je mehr es uns aber gelingt, die Zusammenhänge zu begreifen, die dazu führten, dass wir unser Selbstbewusstsein und unsere Selbstsicherheit verlieren und uns dabei selbst abhandenkommen, desto klarer erkennen wir, was zu tun ist, um wieder zu uns zurückzufinden.

Es ist ein langer und oft mühsamer Weg. Seit sich Frauen über die ihnen zugedachten Rollen und ihre Lebenssituation äußern sowie ihr Unbehagen und auch ihre Wut zu artikulieren beginnen, sind geschlechtsspezifische Selbstverständlichkeiten ins Wanken geraten. Die Frauenbewegung hat inzwischen einiges erreicht. Vieles davon aber ist in alten unbeweglichen Mustern stecken geblieben, an denen sowohl von Männern als auch von Frauen hartnäckig festgehalten wird. Das Patriarchat sitzt noch fest im Sattel, die Entwertung und Diskriminierung der Frau hält an. Klar ist, dass auf Privilegien nicht freiwillig verzichtet wird, und klar ist ebenfalls, dass es vielen Frauen nicht leichtfällt, sich auf eine kritische Sichtweise einzulassen, denn zu vieles geriete wahrscheinlich aus den Fugen. Und manchmal ist es überhaupt nicht möglich, das eigene Leben, dessen Verflechtungen mit der männerzentrierten Ordnung und die damit verbundenen Verletzungen und Kränkungen einer kritischen Analyse zu unterziehen. Das, was dabei ans Tageslicht kommt, wäre zu schmerzlich. Ich habe Verständnis dafür.

Im falschen Film

Es gibt Situationen, da spüren wir genau, dass irgendetwas nicht stimmt. Nicht immer gelingt es uns, diesem vielleicht zunächst leichten Unbehagen nachzugehen, es kann sogar sein, dass wir versuchen, es uns selbst auszureden. Schließlich gibt es immer gute Gründe, die dafür sprechen, alles sei doch eigentlich ganz gut. Die ersten Warnzeichen großzügig zu übersehen hat aber oft nachhaltige Folgen, denn irgendwie gewöhnen wir uns daran, unsere Gefühle nicht ernst zu nehmen. Wir schlittern dann geradezu in Situationen hinein, die wir selbst nie für möglich gehalten hätten.

Wer sich selbst abhandengekommen ist, lässt beinahe alles mit sich machen. Die Fähigkeit, die Realität auch nur einigermaßen richtig einzuschätzen, geht verloren. Wir werden leicht zum Spielball der Bedürfnisse und Wünsche anderer und brillieren mit einer Anpassungsleistung, die eigentlich einen Orden verdiente. Wir haben uns von uns selbst abgekoppelt, sodass wir nicht einmal mehr in der Lage sind, Geringschätzung wahrzunehmen, geschweige denn darauf zu reagieren. Wir haben uns bereits damit abgefunden, die eigene Würde nicht zu verteidigen und sind im Land der Treulosigkeit sich selbst gegenüber gelandet.

Das aber heißt, das Selbstbewusstsein ist auf der Strecke geblieben. Denn sich seiner selbst bewusst zu sein bedeutet, in einem guten Selbstkontakt zu leben. Und wer mit sich selbst in einem guten Einvernehmen lebt, kann sich nicht plötzlich vergessen, sondern reagiert unverzüglich auf entwertende Äußerungen und herabwürdigendes Verhalten und wird ihnen Einhalt gebieten. Wir steigen unter unsere eigene Würde und bemerken es oft nicht einmal.

Der Ausweg aus diesem Teufelskreis der Selbstvergessenheit besteht einerseits darin, sich immer wieder daran zu erinnern, dass es nicht das Ziel meines Lebens ist, mich zu ducken und möglichst angepasst zu verhalten, sondern alles, was in mir steckt, zur Entfaltung und zur Blüte zu bringen. Er besteht aber andererseits auch darin, die Anzeichen ernst zu nehmen, die sich vielleicht nur in leisen Tönen melden.

Es gibt immer wieder Zeichen, die darauf hindeuten, dass wir uns abhandengekommen sind. Oft genügt eine Grippe, die uns zwingt, uns ins Bett zu legen und einfach die Sorge um sich selbst ernst zu nehmen. Oder es sind Menschen aus unserer Umgebung, die unsere Selbstvergessenheit korrigieren und dafür sorgen, dass wir wieder die richtige Spur finden, die uns zu einem besseren Selbstkontakt führt.

Spurensuche

Der Weg zu sich selbst zurück ist oft hürdenreich und unwegsam. Deshalb ist es sehr hilfreich, wenn wir uns immer wieder mit anderen austauschen können, um zu überprüfen, dass wir nicht in die falsche Richtung laufen. Um uns wieder auf die Spur zu einem guten Selbstkontakt zu führen, leistet die beste Freundin beinahe unbezahlbare Dienste. Genau genommen ist es meistens nicht eine einseitige Leistung, sondern wir helfen uns gegenseitig. In der Regel übernehmen beste Freundinnen die Fürsorge füreinander. Sätze wie «Mutest du dir da nicht zu viel zu?», «Hast du dir das gut überlegt?» gehören fast schon zu den Standards. Die beste Freundin wacht streng darüber, dass die Würde nicht verletzt wird, sie greift auch mal ein, wenn sie den Eindruck gewinnt, dass wir uns nicht genug schützen. Wir tun gut daran, genau hinzuhören und ihre Ermahnungen nicht einfach abzutun, sondern sie gründlich zu reflektieren.

Was ist dieses Geheimnisvolle, das vor allem in Frauenfreundschaften geschieht? Die beste Freundin ist immer wertschätzend – selbst wenn wir Mist gebaut haben. Sie bleibt dir immer wohlgesinnt und ist wie eine Anwältin, die sich für dein Wohlergehen einsetzt. Sie ermahnt dich, endlich mal ein paar Tage Urlaub zu machen. Sie spricht dir gut zu, wenn du verzagt bist. Hörst du jeden Tag nur fünf Minuten die Stimme der Freundin am Telefon – schon geht es dir wieder besser. Du bekommst von ihr Verständnis für das, was dich bedrückt. Sie interessiert sich für dich, hört dir zu, will dein Bestes. Kurz, sie liebt dich – weil sie dir aus tiefstem Herzen Wertschätzung entgegenbringt.

Diese Zuwendung wird uns den respektvollen Umgang mit uns selbst lehren. Sie zeigt uns, wie es gemacht wird, wie wir mit uns selbst umzugehen haben, wie wir uns mehr Fürsorge angedeihen lassen können und dass wir grundsätzlich mehr um unser Wohl besorgt sein sollten.

Genau das ist der Punkt, um den es bei Frauenfreundschaften geht. Die Freundin hilft mir, das zu werden, was ich schon bin, ohne es bislang verwirklichen zu können. Sie steht mir stellvertretend als Anwältin meiner Selbstwürde zur Seite. Die beste Freundin rät mir niemals, mich den Wünschen anderer anzupassen, mich zu verduckmäusern, mich unterbuttern zu lassen, mich zu verbiegen. Sie hilft mir, dass ich mir die Treue halte, dass ich keinen Verrat an mir selbst begehe; sie unterstützt mich dabei, dass ich mich immer wieder an mich selbst erinnere, sie begleitet mich auf meinem Weg, achtsam zu sein, hellhörig in mich hineinzulauschen. Mit ihr gelingt es mir, ständig in einem inneren Dialog zu bleiben: Die Freundin ist die Brücke zu meiner innersten Quelle.

Es ist gut möglich, ohne partnerschaftliche Liebesbeziehung durchs Leben zu gehen. Das machen uns viele Menschen vor, die einen freiwillig, die anderen unfreiwillig. Und viele führen dennoch – oder gerade deshalb? – ein höchst erfülltes Leben. Aber ohne die Begleitung von Freunden, das halte ich für außerordentlich schwierig. Freunde und Freundinnen sind Lebensbegleiter, und oft kennen wir sie länger, als unsere Partnerbeziehung dauert.

Wenn du keine Freundin hast, dann wird es höchste Zeit, dir eine zu suchen. Das ist leichter gesagt als getan. Selbstverständlich gibt es auch andere Möglichkeiten, ständig in einem inneren Dialog mit sich zu sein. Wir könnten uns selbst dann mit anderen Personen geistig austauschen, wenn sie nicht leibhaftig vorhanden sind. Wenn wir ein Buch lesen, das uns sehr berührt und bewegt, sind wir wahrscheinlich in einem unsichtbaren Gespräch mit dem Autor, der Autorin oder mit den literarischen Protagonisten. Wir denken über ihre Geschichte nach, die sich vielleicht als Abbild des eigenen Lebens vor uns ausbreitet. Plötzlich gelingt es uns, Zusammenhänge zu verstehen, die bis dahin nicht zu erkennen waren, und wir begreifen, dass handelnde Personen selbst für ihr Schicksal verantwortlich sind. Die Emanzipation der Frau hätte nicht stattgefunden, wenn Frauen nicht gelesen hätten, was andere Frauen geschrieben haben.[13] So haben sie erfahren können, dass es Lebensverhältnisse gibt, die für Frauen kränkend und entwürdigend sind, und vor allem, wie sie sich davon befreit haben. So konnten sie sich lesend in den Schilderungen wiedererkennen, erlebten das wohltuende Gefühl, nicht mausallein zu sein, sondern fühlten sich verstanden, erstarkten und fanden den Mut, sich aus Zwängen herauszuarbeiten. Sie fühlten sich aufgehoben in virtuellen Freundschaften. Frauenliteratur – und das gilt auch heute noch – übt eine wichtige Funktion zur Selbstfindung aus. Sie deckt kränkende Lebensmodelle auf, öffnet uns den Blick für eigene Verhältnisse, für Erleben, das vielleicht noch keine Worte gefunden hat. Das alles hilft dabei, sich selbst näher zu kommen, mehr über sich selbst zu erfahren, sich von Abhängigkeiten zu befreien, sich auf sein eigenes Pferd zu schwingen, um selbstbewusst die Richtung zu bestimmen.

Verbindungen zu Menschen, die wir nicht persönlich

kennen oder die vielleicht bereits tot sind, sollten in ihrer stärkenden Wirkung nicht unterschätzt werden. Wir führen einen lebendigen Dialog, besprechen, was uns beschäftigt, was uns erfreut oder worüber wir uns sorgen. Die virtuelle Ansprechperson ist eine sinnvolle Hilfskonstruktion für eine wahrhaftige Erforschung der eigenen Gedankenwelt. Die durch sie erschlossenen Welten des Wissens, der Erfahrung und des Selbst- und Weltverständnisses bieten ein reiches Potenzial für gedanklichen Austausch. Deshalb führen auch Leser und Leserinnen mit ihren Lieblingsautoren innige Freundschaften, ohne ihnen jemals zu begegnen.

Ich selbst führte einen jahrelangen freundschaftlichen Dialog mit Mathias Jung – obwohl er von meiner Existenz keine Ahnung hatte. Ich hatte alle seine Bücher gelesen und alle seine zahlreichen Vorträge auf CD (wohl über fünfzig!) gehört. Es waren abendliche Feststunden mit ihm. Viele seiner Gedanken haben mich in meiner Auseinandersetzung mit mir entscheidend beeinflusst. Eines Tages lernte ich ihn kennen. Für mich war er ein Altbekannter. Für ihn war ich unbekannt. Aber die Sache war sofort klar. Wir wurden Freunde. Und wir sind es geblieben bis zum heutigen Tag. Wir haben sogar ein Buch zusammen geschrieben,[14] sind gemeinsam auf Vortragsreise gegangen, haben sogar gemeinsam Vorträge gehalten. Trotzdem sehen wir uns im Alltag selten. Das ist auch gar nicht nötig. Wir lesen gegenseitig unsere Bücher und freuen uns jedes Mal, wenn wieder ein neues entstanden ist.

Frauen haben nicht nur gelesen, sondern auch geschrieben. Gerade schreiben ist ein Vorgang, der den Selbstkontakt fördert und dazu herausfordert, Gedanken klar zu strukturieren, zu bündeln und aufzuschreiben. Susan Sontag bringt diesen Vorgang auf den Punkt: «Ich schreibe, um herauszufinden, was ich denke.»[15] Ihre Tagebücher bezeugen eine intensive Suche nach sich selbst: «Mein Leben ist mein Kapital, das Kapital meiner Imagination.» Sich schreibend auf die Suche nach der eigenen Identität zu begeben, führt zu einem achtsamen und sorgfältigen Umgang mit seiner Gedankenwelt, und damit auch mit sich selbst. Diese Auseinandersetzung ist eigentlich gar nicht möglich, ohne sich dabei zu begegnen. Auf diese Weise erfährt frau, was sie fühlt, denkt, wünscht und ersehnt. Es ist ein Akt der Selbstfindung, um einen innigen und unverbrüchlichen Kontakt zu sich herzustellen. Das ist der entscheidende Punkt; denn wer sein Selbst verloren hat, schwebt im Niemandsland. Da kann es leicht geschehen, dass andere das Ruder übernehmen und über uns bestimmen. Viele kennen diesen Vorgang, wenn sie Tagebuch schreiben. Als junges Mädchen haben wir vielleicht damit begonnen: «Liebes Tagebuch, dir will ich alles anvertrauen, was mich beschäftigt ...» Ein solcher Eintrag ist viel mehr als eine romantische pubertierende Anwandlung, es ist ein ernst zu nehmender Akt eines jungen Menschen, der sich zum Ziel setzt, in Ehrlichkeit und Wahrhaftigkeit seinem eigenen Selbst zu begegnen, um es zu erforschen.

Schreiben ist wohl eine der ältesten und bewährtesten Therapieformen. Zahlreiche Zeugnisse belegen, wie sich Menschen aus bedrohlichen inneren Zuständen herausgeschrieben haben, wie sie schwierigste Lebenssituationen nur deshalb überstanden haben, weil sie darüber geschrieben haben. Schreiben ist wie ein Ventil, das Angestautes, Unverarbeitetes, noch nicht in Worte Gefasstes zum Ausdruck bringt, das dafür sorgt, dass wir vor Freude nicht aus uns herausexplodieren, dass wir vor Traurigkeit uns nicht in der tiefsten Nacht verlieren, dass uns Not und Verzweiflung nicht auffressen. Tagebuchschreiben hat vielen dabei geholfen, schwere Lebenskrisen zu bestehen. Für junge Mädchen ist das Tagebuch die intimste Vertraute, ihr werden die ersten geheimen Schwärmereien anvertraut, die ersten Gefühle der Verliebtheit und die Angst, verlassen und nicht mehr geliebt zu werden finden auf diesen Seiten Ausdruck. Marlene Dietrich, die große Diva des letzten Jahrhunderts, hat sich bereits als junges Mädchen ihrem Tagebuch, das sie «Rotchen» nannte, anvertraut: «Ich bin seit einem halben Jahr von zu Hause weg, und fühle mich so einsam.» Und dann beschreibt sie bereits das Thema, das sie lebenslang begleiten wird und sie von einer Liebschaft in die nächste stolpern lässt, stets auf der Suche nach der großen Liebe, die nie gestillt wird. «Wenn doch einer käme und deckte mit seiner Liebe all meinen Kummer zu und nähme mir alle Qual vom Herzen. Ich fühle mich hier so unglücklich, weil ich keinen habe, der mich liebt! Daran bin ich eben so gewöhnt.»[16] Tagebuch schreiben ist nicht nur tröstend, oft enthüllt es auch visionär Zukünftiges, als ob vieles, was sich erst ereignen wird, bereits in uns eingeschrieben ist.

Es gibt also unterschiedliche Möglichkeiten, in einem inneren Dialog sich selbst näher zu kommen. Gerade wenn es darum geht, die Gründe für mangelndes Selbstbewusstsein zu erforschen, ist es hilfreich – in welcher Form auch immer –, sich begleitet zu wissen. Denn das, was wir dabei entdecken, ist oft erschreckend und alles andere als erfreulich. Doch letztlich wird es uns nur mit einer gezielten Hintergrundanalyse gelingen, das uns abhandengekommene Selbstbewusstsein wieder zurückzuerobern, dann, wenn wir herausfinden, auf welche Weise wir es einst verloren haben.

Unerwünscht

In einem weiblichen Körper zu wohnen ist in unserer Gesellschaft eine ganz besondere Herausforderung und mit speziellen Schwierigkeiten verbunden. Manchmal gleicht es dem Leben auf einer Eisscholle in Alaska oder in der schattenlosen Sahara. Um auch nur einigermaßen über die Runden zu kommen, müssen wir Überlebensstrategien trainieren und spezifische Fähigkeiten entwickeln, die wir flexibel den jeweiligen Wetterverhältnissen und unterschiedlichen Lebensphasen anpassen. Ein Hürdenlauf von der Wiege bis zur Bahre.

Das erste Problem beginnt bereits im vorgeburtlichen Zeitraum oder gar noch früher, vor der Zeugung. Wenn die Sehnsucht der Menschen, einst eine bleibende Spur zu hinterlassen, zur Produktion eigenen Nachwuchses drängt. Dass in der Schwangerschaft die elterliche Fantasie hinsichtlich der Zukunft des zu erwartenden Nachwuchses weit über das Ziel hinausschießen kann, zeigt sich in der

Namenswahl. Namen sind Träger elterlich gefärbter Zu-
kunftswünsche. Es gibt große Namen. Es gibt kleine. Ein
Name ist wie ein Kostüm, das für eine bestimmte Rolle in
einem bestimmten Theaterstück geschneidert ist. Und wenn
dann so ein winziges Wesen in einer viel zu großen und zu
schweren Robe steckt, packt uns angesichts des hilflosen
Geschöpfes Erbarmen, wir zupfen und hantieren am großen Kleid, schneiden heimlich überschüssige Falten heraus
oder nähen flink ein neues Kostümchen. Da schrumpft der
große visionäre Entwurf eines Wilhelm auf Willi, Helmi
oder Helmle, der großen Katharina wird ebenfalls etwas
Luft abgelassen und sie schrumpft auf Kathi, in der Schweiz
auf Puppenstubengröße zu Käthi oder als versachlichtes s'
Kätherli. Und manchmal bleibt es dann so für den Rest des
Lebens. Die große Robe liegt zerknittert und mit der Zeit
etwas angegraut auf dem Speicher, ohne dass sie je ein einziges Mal ausgeführt worden wäre. Werden Namen von den
Eltern zu groß gewählt, korrigiert sie das Leben. Die Erfahrung, mit einem Namen bedacht zu werden, der so überhaupt nicht zu einem passen will, machen Buben und Mädchen gleichermaßen. Handelt es sich aber um das weibliche
Geschlecht, kommt noch eine zusätzliche Hürde dazu.

Und damit schlagen wir ein düsteres Kapitel auf. Die Tö-
tung von Mädchen hat in Indien eine lange Tradition – rund
7000 weibliche Föten werden täglich abgetrieben. In Asien
zeigt sich die Auswirkung dieser fatalen Entwicklung, es
gibt bereits Dörfer ohne Frauen. In China sorgte die Ein-
Kind-Politik dafür – die nun auf das Zwei-Kind-Diktat er-
weitert wurde –, dass die Geburt eines Mädchens als großes

Unglück erlebt wurde. Der UN-Bericht verweist auf ähnliche Missstände im Kosovo, im albanisch besiedelten West-Mazedonien und in Montenegro. Hintergrund dafür sind tiefverwurzelte patriarchale Werte, die Frauen als das minderwertige Geschlecht betrachten.

Aber auch in westlichen Gesellschaften deutet sich ein verheerender Trend ab. Eine regelmäßig durchgeführte Studie des US-Meinungsforschungsinstituts Gallup zwischen 1941 und 2011 ermittelte folgende Resultate: Ungefähr 40 Prozent der Amerikaner hoffen beim ersten Kind auf einen Jungen, 29 Prozent auf ein Mädchen. Bei Männern ist der Wunsch nach einem männlichen Nachkommen erheblich größer als bei Frauen.

Männer wünschen sich einen Knaben, ein kleines Männlein, Abbild der eigenen Herrlichkeit, Erbe und Stammhalter. Dem väterlichen Stolz und seinen Größenfantasien sind keine Grenzen gesetzt. Und das ist verständlich. Wer selbst die Vorteile erfahren hat, die einem ohne nennenswerte Anstrengung, lediglich durch die Zugehörigkeit zum männlichen Geschlecht zufließen, wünscht sich die Fortsetzung dieser Privilegien selbstverständlich auch für seine Nachkommen, für seinen Sohn.

Wird also ein Mädchen statt des erhofften Jungen geboren, wird es fortan mit dem Gefühl leben: *So wie ich bin, ist es nicht gut, ich sollte anders sein.* Die erste Erfahrung, die vor allem viele Mädchen bei ihrer Ankunft auf dieser Welt machen, ist negativ: unerwünscht. Und gerade weil es das Kind nicht bewusst erlebt, sinkt diese Katastrophe tief ins Unbewusste und installiert sich als dumpfes Grundgefühl, dass etwas nicht in Ordnung ist. Diese Grunderfahrung macht vielen Frauen schwer zu schaffen. Ergänzt wird sie in der Pubertät um eine zweite Erfahrung, nämlich dass etwas mit ihnen nicht stimmt, dass sie nicht schlank genug, nicht schön genug, nicht begehrenswert genug sind. Beide Grunderfahrungen werden sie mit ins erwachsene Leben nehmen und so stets davon ausgehen, etwas sei nicht in Ordnung, sollte anders, besser sein. Es gibt Frauen, die sich lebenslang mit einem Selbstverbesserungsprogramm beschäftigen – ohne jemals ans Ziel zu gelangen. Wer kennt das nicht: Wir möchten ausgehen und ziehen uns an. Dann stellen wir uns vor den Spiegel und sind alles andere als erfreut. Wir ziehen uns nochmals rasch um. Aber das Resultat will uns immer noch nicht gefallen. Dieses tief sitzende Gefühl, so, wie ich bin, ist es nicht richtig, sitzt derart fest in unseren Zellen und löst sich auch mit den schönsten Kleidern nicht auf. Wer jetzt aber denkt, sie sei die Einzige, der es so ergeht, irrt. Es ist eigentlich der Klassiker, der sich auch bei jenen Frauen abspielt, bei denen wir es niemals vermuten würden. Die für ihr wunderschönes Aussehen bewunderte Julia Roberts berichtet in einem Interview: «Wenn ich ausgehe, ziehe ich mich mindestens fünfmal um. Plötzlich denke ich, die Bluse sieht nicht gut aus oder der Rock sitzt nicht.»

Vielleicht ist, was wir daraus lernen können, eine der wichtigsten Erkenntnisse überhaupt: Ich bin nicht irgendwie falsch geraten, sondern wir haben es hier mit einer tief sitzenden Verunsicherung zu tun.

Die Tragödien, die sich bei der Geburt von «nur einem Mädchen» selbst in westlichen Kulturen abspielen, muten zum Teil derart gespenstisch an, dass sie kollektiv verdrängt werden müssen. «Hauptsache gesund», heißt es dann gern. In unseren Frauengruppen berichten Teilnehmerinnen von ihren frühen Kränkungen: «Eigentlich hätte ich ein Junge sein sollen», «Eigentlich sollte ich ein Junge sein», «... ein Junge ...» Das Mädchen fühlt sich schuldig, dass es «nur» ein Mädchen ist. Der Grundstein für zukünftige Schuldbereitschaft ist hiermit gelegt. Denn sie trägt die Schuld für die Enttäuschung der Eltern.

Vor zwei Jahrzehnten erschütterte der Tod von Prinzessin Diana die Welt. Der zwanzigste Todestag wurde nochmals in allen Medien zum Thema und löste erneut große Betroffenheit aus. Es ist kaum möglich – und seien die Beiträge in den Medien noch so zahlreich –, eine solche Reaktion wie die vorhandene zu erzeugen, wenn nicht ein inneres, meist dem Bewusstsein nicht zugängliches Bild davon angesprochen wird. Prinzessin Diana war die archetypische Verkörperung entwerteter Weiblichkeit – trotz ihrer Schönheit.[17] Bei ihrer Geburt war die Enttäuschung groß: nur ein Mädchen. Der Vater hätte laut englischem Recht seine gesamten Besitztümer verloren, wenn kein männlicher Erbe zur Verfügung gestanden hätte. Er ist wütend auf seine Frau, der er die Schuld gibt. Das Kind liegt heimatlos irgendwo in einer Wiege und wimmert vor sich hin. Als sich die Eltern trennen, behält der Vater die Kinder. Diana pendelt zwischen der einen Heimatlosigkeit im Internat und der anderen zu Hause hin und her. Es fällt ihr schwer, sich auf die Schule zu konzentrieren – was ihr später als Dummheit ausgelegt wird. Sie träumt von der großen Liebe, vom Mann, der sie über alles liebt und den sie liebt und der ihre Wunden heilt, und meint schließlich, ihn in Prinz Charles gefunden zu haben. Der Prinz aber ist längst seiner großen Liebe begegnet, liebt jene Frau und keine andere, nur heiraten kann er sie nicht. Er erfüllt seine Pflicht, heiratet Diana, gibt sich Mühe, zweifellos will auch er sie lieben. Aber das genügt nicht. Kann nicht genügen. Denn da bleibt die andere im Hintergrund. Die Welt bricht für Diana zusammen.

Zudem bleibt sie erneut heimatlos in der königlichen Familie. Obwohl sie ihre Sache außerordentlich gut macht, bekommt sie für ihre Leistung keine Anerkennung. Sie wird reduziert auf äußere Lieblichkeit. Sie gebärt zwei Söhne, sorgt für die Thronfolge, aber sie bleibt entwertet. Später, nach der Scheidung, wird sie aus der königlichen Familie ausgeschlossen. Auch dem Drama der Kindesenteignung wohnt die Welt bei – ohne dass dies thematisiert wird. Die Söhne gehören zur königlichen Familie, daran gibt es nichts zu rütteln. Hier zeigen sich typische, traditionell patriarchale Entwertungs- und Enteignungsmuster, die Frauen, vor allem geschiedenen, bekannt sind. So ist es letztlich die Tragödie, die in beinahe jedem Frauenleben stattfindet, die die Menschen derart aufwühlt und in Massen zum Trauern bewegt.

Wenn sich Frauen Söhne wünschen, hat dies ebenfalls verständliche Hintergründe. Psychologisch gesehen entsteht bereits dadurch Anziehung, dass es das Gegengeschlechtliche ist, das Ergänzende, das Andere, der Gegenpol. Viele Mütter sind in ihre kleinen Jungen «vernarrt», der «eigenartige Glanz» in den Augen beim Anblick ihres kleinen Lieblings spricht für sich. Es wundert nicht, wenn in der Mutter-Sohn-Beziehung eine zärtlich-intime Intensität erlebt wird, wie sie Frauen oft bei ihren Partnern schmerzlich vermissen. Schieben wir eine feministische Optik über die psychologische Linse, erkennen wir noch weitere Hintergründe. Durch die Geburt eines Sohnes erlebt sich die Frau aufgewertet, hat sie doch dazu beigetragen, das Männliche in dieser Welt zu mehren. Sie überwindet damit den Status weiblicher Entwertung. Der Sohn als Hoffnungsträger, der eine wichtige Brückenfunktion übernimmt: «Wenn ich selbst nicht zu den Gewinnern gehöre, keinen direkten Einfluss auf das Weltgeschehen nehmen kann, dann will ich wenigstens indirekt als Mutter des großen Politikers, des einflussreichen Wirtschaftsgiganten, des genialen Forschers an den Errungenschaften dieser Welt partizipieren.»

Leider spielt die «Mutter Gottes» in unserer Gesellschaft eine bescheidene Nebenrolle, lediglich einmal im Jahr, im Monat Mai am Muttertag, wird ihrer gedacht, und für ein paar Stunden werden ihre Dienste romantisch verklärt und gewürdigt. Auch wenn Mütter am Jubeltag von ihren Söhnen durch den Sonntagsverkehr gekarrt oder mit einem in aller Eile erstandenen Blumengebinde beglückt werden, so folgt der kurzzeitigen Aufwertung und Ehrung häufig stehenden Fußes die Entwertung.

Was aber ist zu tun, um dieses verheerende Gefühl des Unwertes loszuwerden? Es wäre schön, wenn wir auf Knopfdruck oder mit einem besonders raffinierten Trick der Falle entrinnen könnten. Leider geht das nicht. Nach meiner Erfahrung hilft nur eins: sich gründlich mit der historischen

Entwicklung zu beschäftigen, Zusammenhänge begreifen lernen und damit nicht in die Spirale der persönlichen Geringschätzung hineinzugeraten. Denn schließlich steckt hinter der entwerteten Frau eine lange Geschichte.

Im Anfang war die Frau

Fünf Millionen Jahre sind als Zeitraum nur schwer vorstellbar. Die Spuren der Menschheit führen in diese Zeit zurück und decken damit die Urgeschichte der Frau auf.

Von jeher beschäftigt eine Frage alle Menschen auf diesem Planeten: Warum muss der Mensch sterben? Die Beschäftigung mit dem Tod führt auf direktem Weg zu der Frage, woher Leben stammt und ob der Tod vielleicht nur als eine Durchgangsstation verstanden werden sollte, als kleine Raststätte, um darauf wieder neu ins Leben zu treten. Diese Frage ließe sich auch gemäß dem Rhythmus des Mondwechsels formulieren, der in drei Phasen verläuft: dem Vollmond, dem abnehmenden und dem vorübergehend unsichtbaren Mond. Die Frage nach Leben und Tod stand stets im Zentrum. Und damit rückte die Frau in eine Position, die ihr Würde und Achtung verlieh: Schließlich war sie es, die die Fähigkeit besitzt, neues Leben aus sich hervorzubringen.

In allen Frühkulturen wurde die Frau hoch geachtet und verehrt. Sie trug das Geheimnis in sich, Leben zu spenden. Die Verehrung des Weiblichen ist durch Bildnisse von Gottheiten in Menschengestalt dokumentiert, die den weiblichen Schoß als Quelle und Ursprung allen Lebens darstellen. Sie zeigen die Göttinnen oft in Gebärstellung, mit besonderer Betonung der Bauchregion oder einem austretenden Tierkopf aus der Leibesöffnung.

Es war also völlig selbstverständlich, dass sich die Menschen als oberste Macht Göttinnen vorstellten, Muttergottheiten, die als universale Gottheiten sämtliche Lebensbereiche wie Liebe, Jugend, Alter, Leben, Tod und Wiedergeburt verkörperten. Schließlich war das Weibliche Garant für den Fortbestand der Menschheit. So ist es nicht verwunderlich, wenn männliche Gottheiten lediglich als sehr junge und bartlose Jünglinge in Erscheinung traten, von der Großen Göttin umfangen und ganz in ihrer Abhängigkeit, was wohl am ehesten dem Mutter-Sohn-Verhältnis entspricht.[18] Erst allmählich wuchs er in die Rolle eines Gefährten, während die Gestalt eines Vatergottes in religiösen Bildern völlig fehlt. «Die ersten Menschen müssen die Welt notwendigerweise als eine umfassend weiblich bestimmte Ordnung empfunden haben. Die Spuren ihrer Kunst, die uns überlieferten Mythen, Glaubensvorstellungen, wie sie durch ihre Bestattungsbräuche und durch die alles überlagernden Schichten späterer Religionen schimmern, bestätigen das. Ihre ersten Gottheiten waren keine männlichen Götter der Jagd oder gar des Krieges, sondern lebenspendende Muttergottheiten, mit denen sich die Vorstellungen von Wiedergeburt und später auch von Fruchtbarkeit wie bei dem Konzept der ‹Mutter Erde› und schließlich das sichere Gefühl der Fürsorge und des Schutzes verbanden.»[19]

Deshalb waren es selbstverständlich Frauen, die die höchsten Ämter als Königinnen oder Priesterinnen bekleideten. Frauen verfügten über Macht und Kompetenz und behüteten das Wohl der Gemeinschaft. Erich Fromm spricht von einer matrizentrierten Gesellschaftsordnung und betont durch diesen Begriff, dass es sich nicht einfach um die Verkehrung patriarchaler Verhältnisse handelte. Es gilt als gesichert, dass sämtliche Frühkulturen einer matrizentrischen Sippenordnung folgten, das heißt, die Verwandtschaftszurechnung verlief nach der Mutter, ebenso die mutterrechtliche Erbregelung. Robert Briffault[20] schätzt, dass noch um 1800 ungefähr die Hälfte der damals bekannten Naturvolksgruppen matrizentrisch organisiert war. In diesen Kulturen herrschte keine hierarchische Ordnung, die sich allein von Funktionen und Ämtern ableiten ließ. Frauen, die führende Rollen übernahmen, zeichneten sich durch Alter, Reife, Weisheit und große Kompetenz aus. Ihr Bestreben lag darin, einerseits die Produktion der Nahrungsmittel sicherzustellen, die weitgehend durch die Arbeit der Frauen erfolgte, und sich andererseits ganz in den Dienst friedenssichernder Maßnahmen zu stellen. Es gab also keine Kriege. Anstehende Fehden und Unstimmigkeiten wurden unter der Leitung von Frauen auf diplomatischem Weg ausgehandelt und gelöst. Frauen schicken doch nicht ihre Söhne, Brüder, Männer oder Väter aufs Schlachtfeld, um sich gegenseitig zu bekämpfen, und die, die übrig bleiben und unversehrt sind, werden wieder eingesammelt! Frauen wissen, wie kostbar das ist, was sie gebären!

Werfen wir einen Blick auf die heutige Zeit, dann mutet die Szene beinahe gespenstisch an: In sämtlichen Friedensverhandlungen der jüngsten Geschichte sind vor allem

Männer anzutreffen. Wäre nicht so viel Leid für die betroffene Bevölkerung damit verbunden, wäre es wie ein Witz – ein schlechter allerdings –, dass ausgerechnet Frauen, die über eine hohe Kompetenz in Verhandlungsführung und Kommunikation verfügen, davon ausgeschlossen sind.

Gehen wir aber nochmals in der Geschichte zurück.[21] Wir müssen uns die Frage stellen, welche Rolle denn die Männer spielten. Da sich Männer und Frauen in ihrer sexuellen Betätigung meist polygam verhielten, wurde durch Intimitäten keine gegenseitige Verpflichtung auf Treue abgeleitet. Zunächst war der Zusammenhang zwischen Geschlechtsverkehr und Zeugung unbekannt, sodass die Frage nach der Vaterschaft den Zeugenden in keiner Weise tangierte. Da Frauen in ihrer aus matrilinearer Folge gewachsenen Gruppe lebten, übernahmen männliche Verwandte weitgehend väterliche Funktionen für den Nachwuchs. Gemeinschaften waren zweckgebunden und dienten weitgehend arbeitstechnischen Erleichterungen. Entweder heiratete der Mann in die Sippe der Frau ein oder es bestand eine eheähnliche Bezogenheit, die auf dem Besuch des Mannes beruhte, der über Nacht bei der Frau blieb und am Morgen wieder zu seiner Sippe zurückkehrte, um dort seiner Arbeit nachzugehen. Dieses Grundmodell der Beziehungen zwischen Mann und Frau schimmert auch heute in patriarchal organisierten Familienstrukturen durch. Emotional funktionieren viele familiäre Gemeinschaften matrizentriert. Die emotionale Versorgung von Kindern und Ehemann obliegt weitgehend der Frau. Sie nährt, tröstet, berät, gibt Halt, steuert und beeinflusst, wenn auch indirekt.

Während aber die Frau in der heutigen Zeit zwar nach innen für das Wohl der Familie zuständig ist, bleibt sie in der wirtschaftlichen, politischen und gesellschaftlichen Position häufig ohne Einfluss. So trug sie bis vor wenigen Jahren selbstverständlich den Namen des Ehemannes. Neuere Regelungen, den Frauennamen auch nach der Heirat zu behalten, können nicht darüber hinwegtäuschen, dass dennoch eine Identitätsopferung gefordert wird: Behält in der Schweiz die Frau ihren Mädchennamen, werden die Kinder nach dem Vater benannt, was genau genommen einer Enteignung gleichkommt. In Frankreich ist es selbstverständlich, dass bei Paaren, die unverheiratet zusammenleben, der Nachwuchs den Namen des Vaters erhält. Die Namensenteignung ist ein wirksames Mittel, einen Bruch im Identitätsgefühl der Frau als Mutter zu provozieren.

In Deutschland sind zwar bereits großzügige Regelungen mit verschiedenen Varianten möglich, die der Frau erlauben, ihren Namen weiterzuführen und ihn auch an die Kinder weiterzugeben. Es sollte aber nicht dazu verführen, die lange Geschichte des weiblichen Identitätsverlustes zu unterschätzen. Auch wenn wir frei wählen, tragen wir die Vergangenheit in unseren Zellen. Die Namensenteignung war eine Erfindung des 18. Jahrhunderts, um den Mann eindeutig als Oberhaupt und Befehlshaber über Frau und Kind zu küren. Daher ist es auch nicht verwunderlich, wenn damals alles darangesetzt wurde, die Frau von Wissen auszuschließen und sie dadurch weitgehend in einer Abhängigkeit vom Mann zu halten.

Wie war es aber möglich, dass sich aus matrizentrierten

und egalitären Kulturen, die ohne Gewalt, Unterdrückung und Ausbeutung auskamen, hierarchisch strukturierte Gesellschaftsordnungen entwickelten, die einem Geschlecht die Macht über das andere ermöglichten? Welche Kräfte waren am Werk, um ein vermeintliches Einverständnis zwischen Unterdrückern und Unterdrückten, zwischen Siegern und Verlierern vorzutäuschen? Was war geschehen, dass aus friedlichem Zusammenleben unter verschiedenen Stammesgruppen kriegerische Auseinandersetzungen entstanden?

Die eigentliche Geschichtsschreibung beginnt mit den ersten sumerischen Schriftzeichen ab 3000 v. Chr., die als objektive Quelle gelten. Da Historiker zu allen Zeiten unter der Zensur ihrer Herrscher und Führer standen, die ein ganz bestimmtes Interesse daran hatten, dass die zu dokumentierenden Ereignisse ein möglichst gutes Licht auf sie warfen, ist eine kritische Analyse nicht zu erwarten. Um eine geschichtliche Entwicklung zu verstehen, genügt es nicht, äußere Fakten aneinanderzureihen, auch wenn alle divergierenden Strömungen einbezogen und alle möglichen Einflüsse berücksichtigt werden. Geschichte lässt sich erst begreifen, wenn die psychodynamischen Kräfte gleichermaßen analysiert werden und sich daraus ihre Motive, Handlungen und Verhaltensweisen erklären lassen. Die genaue Kenntnis des Psychogramms eines Politikers würde einen sehr viel tieferen Einblick in seine Beweggründe erlauben und darüber hinaus auch zukünftige Handlungsperspektiven voraussagen lassen.

Um das patriarchale Herrschaftsverhältnis, das die Frau

schließlich unter die Befehlsgewalt des Mannes stellt, auch nur einigermaßen verstehen zu können, müssen wir uns die Mühe machen, uns in die psychologische und situative Beziehungsstruktur hineinzudenken, die sich zwischen den Geschlechtern abgespielt haben könnte. Den Zusammenhang des Gebärens mit einem vorher notwendigen Begattungsakt zwischen Mann und Frau haben die Menschen erst im Laufe der Zeit erkannt. In prähistorischen Zeiten bestand der Glaube, Frauen bekämen einfach irgendwann Kinder. Da der Mensch unter den damals vorherrschenden harten Lebensbedingungen nicht allein zu existieren in der Lage war, trachteten die Menschen danach, möglichst in Gruppen das Leben zu bewältigen und dafür zu sorgen, dass die Sippe durch Nachwuchs gesichert war. Weitere Nachwuchs-Mitglieder zu erhalten war also gleichbedeutend mit einer Wertsteigerung. Frauen, die Kinder gebaren, waren somit einem fruchtbaren Acker vergleichbar oder sonst einer Produktionsmaschine, die Wertvolles herzustellen vermochte.

Dies ergibt ein Bild von vollständig unterschiedlichen Positionen und dem damit verbundenen gesellschaftlichen Status von Männern und Frauen. Frauen waren als Trägerinnen der höchsten Kunst, nämlich neues Leben hervorzubringen und Nachkommenschaft zu sichern, hoch geachtet, während dem Mann diese Bedeutung nicht zukam. Er unterstützte sie zwar durch den Einsatz seiner Arbeit und trug somit indirekt zum Überleben der Sippe bei. Die Frauen aber waren zu einem überwiegenden Anteil für die Nahrungsbeschaffung zuständig, sie sammelten Wurzeln,

Früchte und Pflanzen. Der Mythos vom Jäger als Nahrungs-
beschaffer hält sich immer noch, obwohl längst erwiesen ist,
dass sich die Menschen der Frühkultur vorwiegend pflanz-
lich ernährten.

Die Annahme, Kinder entstünden einfach im mütterli-
chen Leib ohne jegliches Zutun von außen, gab dem Mann
auch für die Fortpflanzung keinerlei Bedeutung. Aber es
wäre sicher falsch, wenn wir davon ausgingen, das männliche Wesen sei in den Frühkulturen unterdrückt oder seine
Arbeitskraft ausgebeutet worden, wie wir dies heute in der
umgekehrten Rollenverteilung kennen. Für ein solches Verhalten sind keinerlei Hinweise vorhanden, die eine solche
Folgerung zuließen. Im Gegenteil: Alles deutet darauf hin,
dass eine matrizentrierte oder egalitäre Gesellschaftsordnung so angelegt war, das Überleben der Sippe zu sichern,
indem sich Frauen um Nachwuchs und Nahrungsbeschaffung kümmerten und dafür sorgten, dass ein friedvolles
Miteinander möglich war. Die ranghöchste Frau übte ihr
Amt aufgrund ihrer großen und umfassenden Kompetenz
aus, was stets auch einen natürlichen Umgang mit Macht
einschließt und vor allem ihren Missbrauch unmöglich
macht.

In der Wirtschaft beginnt sich – wenn auch noch etwas
zögerlich – ein neuer Trend abzuzeichnen. In den seltenen
Fällen, wo Frauen in statushöheren Positionen fungieren,
zeichnet sich ihr Führungsstil dadurch aus, dass sie egalitäre
Beziehungen herstellen. Dies bedeutet ein Verzicht auf
machthierarchische Oben-Unten-Strukturen.

Obwohl in einer matrizentrierten oder egalitären Beziehungskonstellation vonseiten der Frau keinerlei Entwertung des Mannes beabsichtigt war, ist dennoch nicht auszuschließen, dass sich die männliche Spezies einer Dauerkränkung durch den Status ihrer Bedeutungslosigkeit ausgesetzt fühlte. Jedenfalls könnte einer der Gründe für die Veränderung der Beziehungsformen darin liegen, dass sich in dem Moment, als der Zusammenhang von Begattungsakt und Nachkommenschaft in das Bewusstsein des Mannes drang, er seinen Beitrag in überdimensionierter Bedeutung zu bewerten begann. Obwohl sich kein Mann seiner großen Leistung anlässlich eines Geschlechtsverkehrs rühmen kann, sondern sich die Befruchtung quasi als Nebenprodukt erquickender Lust zufällig ergibt, begann er nun genau diese Winzigkeit seines Dazutuns aufzublähen und sich dadurch entsprechend aufzuwerten.

Und wie sich auch kein Acker selbst verwaltet, sich keine Goldmine selbst ausschöpft, sich keine Kuh selbst melkt, schwang sich der Mann über die Frau auf, inkorporierte sie mitsamt ihrem Nachwuchs und betrachtete Frau und Kind als seinen Besitz. Somit wurde die Frau allmählich entrechtet und enteignet, später vom Wissen ausgeschlossen, um damit auch noch die Zwangsarbeit in Haus und Hof zu legitimieren. Ähnliche Mechanismen finden wir auch dort, wo sich fremde Herrscher Territorien aneigneten und ganze Länder und Völker kolonialisierten und ausbeuteten.

Das Muster ist stets das gleiche: Da verfügt jemand über einen kostbaren Schatz, ein Gut, eine Funktion, eine Begabung, etwas, das der andere nicht hat. Diejenigen, die nichts haben, fühlen sich unterlegen und setzen nun alles daran, sich das Angestrebte anzueignen, um darüber zu verfügen. Und da es für diejenigen, die im Besitz einer schönen Sache, eines Wertes oder einer Begabung sind, keinen Grund dafür gäbe, anderen die Verfügungsgewalt zu überlassen, bietet der Nichthabende eine einleuchtende Gegenleistung dafür an. Was sich zuerst ganz vernünftig anhört und wie eine Arbeitsteilung aussieht, ändert sich dann aber sehr schnell. Zuerst muss der Eindruck entstehen, dass diejenigen, die etwas besitzen, zwar über etwas verfügen, aber unmöglich damit allein klarkommen. Diese Strukturen zeigen sich in Verhältnissen von Sängern und Schauspielern mit ihren Managern, von Malern und Bildhauern mit ihren Galeristen, von Schriftstellern mit ihren Agenturen und von allen begabten Menschen, die etwas Besonderes herstellen, und ihren Verkaufsstrategen. Viele Künstler leben in einem Abhängigkeitsverhältnis, obwohl sie eigentlich diejenigen sind, aus denen Kunst geboren wird. Es ist nicht verwunderlich, wenn Vermarktungsagenten an den Kunstwerken mehr verdienen als der Kunstschaffende. Trotz seiner Begabungen, seiner Fähigkeiten, seiner Talente fühlt er sich ohne seinen Verwalter hilflos und nichtig. Die Ausbeutung erfolgt stets auf der verwaltungs- und verkaufstechnischen und nicht auf der kreativen und produktiven Seite. Eher selten kommt es vor, dass sich ein Agent darüber beklagt, er sei von einem Künstler ausgebeutet und beschissen worden.

In einer Partnerbeziehung findet sich die gleiche Struktur. Obwohl Frauen immer wieder – wenn auch unfreiwillig – beweisen, dass sie sehr wohl in der Lage sind, sich allein um den Nachwuchs zu kümmern und ihn aufzuziehen, wirkt die Suggestion: «Ich werde für dich sorgen, im Wald nach wilden Tieren jagen, weil das zu gefährlich für dich ist.» Und weil der Mann in der Regel größer und stärker ist, leuchtet diese verführerische Arbeitsteilung ein. Da vom Mann Schutz- und Versorgungsfunktionen übernommen werden, gehört ihm als Gegenzug das Schutzobjekt samt allem Drum und Dran – auch was an Produktion aus ihm hervorgeht. Und irgendwann denkt die Frau: «Ich bin nicht in der Lage, für mich allein zu sorgen.» Sie begrenzt ihre Funktionen zunehmend auf Aufzucht und Pflege des Nachwuchses und überlässt ihm das Sagen, Handeln und Bestimmen.

So haben wir unsere wichtigsten Fähigkeiten der Selbstverantwortung und Selbstbestimmung dem Mythos geopfert. Obwohl Frauen in zahllosen Krisensituationen, wie etwa im Krieg, immer wieder Beweise dafür liefern, wie stark und kompetent sie eigentlich sind, fallen sie beim Anblick eines Beschützers unverzüglich zurück in Unfähigkeit und Schwäche. Dabei entgeht ihnen, dass es sich um eine typisch weibliche Gefälligkeit handelt, männliches Selbstbewusstsein zu stärken. Viele Frauen erahnen intuitiv, dass sich der Mann nur dann stark fühlen kann, wenn sie sich schwach zeigen. Bei einigen Männern wird nur dann sexuelle Erregung in Gang gesetzt, wenn sie gleichzeitig von einem Macht- und Überlegenheitsgefühl begleitet ist.

Unterdrückungsmechanismen in soziologischen Beziehungen entstehen bei ungleichen Fähigkeits- und Besitzverhältnissen. Da ist einmal die Fähigkeit der Frau, Leben aus sich hervorzubringen, was in jeder Gesellschaft eine bewusste oder unbewusste Vormachtstellung bedeutet. Dann kommt die Fähigkeit der Nahrungsbeschaffung hinzu, die weitgehend von Frauen geleistet wurde. Eine weitere Fähigkeit ist die erotische Stimulierung oder Befriedigung durch den weiblichen Körper. Die sexuelle Nutzbarkeit für den Mann gilt auch heute noch als ein oberstes, ungeschriebenes Gesetz, das kollektiv verdrängt wird. Bei einer solchen Anhäufung von weiblichen Schätzen ist es nicht verwunderlich, wenn von männlicher Seite versucht wird, sich diesen Reichtum anzueignen und ihn sich in steter Dienstbarkeit zur Verfügung zu halten, was schließlich auch gelungen ist.

Eine andere Deutung über die Entstehung des Patriarchats, die gelegentlich diskutiert wird, läuft auf eine mechanistisch orientierte Erklärung hinaus. In Frühkulturen lag die durchschnittliche Lebenserwartung der Frau unter dreißig Jahren. In diesem kurzen Lebensabschnitt musste sie mehrere Kinder zur Welt bringen, damit eines oder zwei überlebten. Die Sterblichkeitsraten bei Geburten waren sehr hoch. Und vielleicht ergab sich durch diese Konstellation ein beträchtlicher Männerüberschuss, sodass sich einfach durch die Überzahl der Männer ein Dominanzanspruch über die Frauen ergab.

Allein aus dieser kurzen Zusammenfassung unserer Ahnengeschichte lässt sich rekonstruieren, wie unser Selbstbewusstsein allmählich verstümmelt wurde. Analog dazu verläuft in vielen Kulturen des afrikanischen Kontinents die körperliche Verstümmelung von Mädchen noch immer ungehindert: Schätzungen gehen von 120 bis 130 Millionen aus. Die Klitoris wird abgeschnitten, die Schamlippen werden bis auf eine kleine Öffnung zum Urinieren zugenäht. Dem Gatten obliegt das Vergnügen, nach der Hochzeit sie in mehreren Anläufen aufzubohren. Diese unmenschliche Tradition demonstriert in grauenhafter Weise, wie im patriarchalen System über Frauen verfügt wird. Die körperliche Verletzung führt dazu, dass die Frau kein sexuelles Verlangen, demnach auch nie eine Befriedigung erlebt, und – so das Kalkül – niemals einen anderen Mann begehrt.

Während wir in unserer Kultur vor allem die psychischen Verstümmelungen kennen, die auf einer viel subtileren und oft kaum wahrnehmbaren Ebene verlaufen, verlagert sich die zerstörende Gewalt in patriarchalen Kulturen direkt auf den weiblichen Körper der Frau.

Der Angriff auf die psychische und physische Unversehrtheit führt dazu, dass die Frau ein großes Schutzbedürfnis entwickelt, sich nicht mehr an sich selbst orientieren kann und ihr Selbstwertgefühl und ihr Selbstbewusstsein verliert.

Ob die Entmachtung der Frau auf ein umfassendes psychologisch begründetes Minderwertigkeitsgefühl der Männer zurückgeführt werden kann oder ob es sich aus einer zahlenmäßig ungleichen Verteilung der Geschlechter ableiten lässt, ist hinterfragbar. Der verzweifelte Versuch jedoch, mit dem sich die meisten Männer darum bemühen, die eroberte Machtposition weiterhin zu besetzen, lässt aber sehr wohl die Vermutung aufkommen, dass wir es hier mit einem psychischen Problem zu tun haben. In keinem anderen Bereich neigt das männliche Wesen zu derart unlogischen

Gedankengängen, als wenn es um die Ablösung patriarchaler Gesellschaftsordnungen geht. Wer die Abwehr und die Argumentationen ernst nimmt, kann etwas von der abgründigen Angst erahnen, die dem Mann unterschwellig seine gesamte Intelligenz vernebelt und für die einfachsten logischen Folgerungen völlig begriffsstutzig macht, wie etwa die Forderung nach paritätischer Verteilung von Macht und Entscheidungsgewalt zwischen Mann und Frau.

Obwohl in der westlichen Gesellschaft durch die feministische Bewegung patriarchale Strukturen allmählich ins Wanken geraten sind und vor allem in Partnerschaften und Ehen egalitäre Verhältnisse angestrebt werden, blüht durch die Zuwanderung und Migration aus väterherrschaftlichen Kulturen der Anspruch, über die Frau zu verfügen, in alter Vehemenz. Dem Vater, dem Bruder, dem Ehemann steht das Recht zu, die Frau nach seinem Willen gefügig zu machen. Er bestimmt, mit wem sie verkehren darf, ob und wohin sie ausgehen kann, wie sie sich kleiden soll, damit kein anderer Mann ihrer weiblichen Reize ansichtig wird.

Die Tatsache, dass es in unserer Gesellschaft kaum Solidaritätsbekundungen mit Frauen gibt, die aus patriarchalen Gesellschaftsstrukturen stammen und unterdrückenden und zum Teil kriminellen Handlungen ausgesetzt sind, zeigt ein erschütterndes Bild. Gelegentlich kann sogar beobachtet werden, dass politisch links positionierte Frauen unter dem Deckmantel von Glaubensfreiheit und Toleranz anderen Kulturen gegenüber indirekt den Machtanspruch des Mannes über die Frau unterstützen. Sie machen sich zu Komplizinnen der Männer, die Frauen unterdrücken.

Der hohe Preis der Weiblichkeit

Die nachfolgende Beschreibung erfordert einiges Stehvermögen. Es könnte durchaus sein, dass sich einige davon angegriffen fühlen und meinen: «Das ist alles übertrieben und trifft heute nicht mehr zu!» Selbstverständlich ist es einigen Frauen gelungen, sich weit vom traditionellen Bild der unterwürfigen Frau zu distanzieren. Aber eben nicht allen, sondern nur einigen, die keineswegs für die schweigende Mehrheit stehen. Statt also die Vorgeschichte nun zu den Akten zu legen, muss es darum gehen, alles daranzusetzen, dass endlich allen Frauen – allen! – das Grundrecht auf Selbstbestimmung zugestanden wird.

Was wir heute unter Weiblichkeit verstehen, ist vor allem immer noch das, was uns durch die patriarchale Gehirnwäsche eingetrichtert wurde. Weiblich ist danach all das, was das patriarchale System nicht in Frage stellt, sondern festigt und stärkt. Weiblichkeit wird sozusagen als Hilfsmittel um den Glorienschein der Männlichkeit gewunden und hat nur den Zweck, das Objekt der Ver-Herr-lichung fraglos zu erhalten. Zudem wird Weiblichkeit zur sexuellen Anregung und Stimulierung und zum Triebabbau für den Herrn dienstbar gemacht und instrumentalisiert und – je nach kulturellen und individuellen Gepflogenheiten – männlichen Idealen angepasst. Mal wird der weibliche Körper möglichst öffentlich enthüllt und feilgeboten, mal in sackähnlichen Behängen mit einbandagiertem Kopf verpackt. Was in unserer westlichen Gesellschaft als besonders weiblich gilt, ist in anderen Kulturen verpönt oder wird gar unter

Strafe gestellt. Das Diktat geht vom männlichen Verständnis aus, wie es in seine Ideologie hineinpasst. Schließlich zeichnen sich Frauen durch eine große Anpassungsfähigkeit aus: Mal sind sie verhüllt, mal unverhüllt.

Weiblichkeit wird also von Männern definiert, und somit muss sie stets mit dem Dominanzanspruch des Mannes kompatibel sein. Frauen, die als weiblich gelten wollen, dürfen durchaus selbstbewusst auftreten, aber sie sollten es nicht zeigen, weil sonst die Überlegenheit des Mannes in Frage gestellt wäre. Intellektuelle Frauen mit hellwachem Geist müssen stets damit rechnen, verpönt und lächerlich gemacht zu werden. Lange geisterte die Bezeichnung «Blaustrumpf» herum, was nichts weiter aussagte, als dass sie mit ihrem Aussehen männliches Begehren nicht in Gang zu setzen vermochten. Wenn heutzutage attraktive Frauen zugleich auch noch mit intellektueller Kompetenz brillieren, leben sie gefährlich.[22] Das eine oder andere wird unter Verdacht gestellt, vor allem aber einer erbarmungslosen Kritik unterworfen.

Wie ist es möglich, dass der einen Hälfte der Menschheit das Grundrecht, selbst über sich zu bestimmen, nicht als selbstverständlich zugestanden wird? Eine Frau, die sich für sich und ihre Anliegen starkmacht und kämpft, muss damit rechnen, als unweiblich abqualifiziert zu werden. Und falls sie ihr Selbstbewusstsein aus der gängigen Vorstellung von «Weiblichkeit» bezieht, wird sie nicht darum herumkommen, auf Selbstbehauptung zu verzichten. Um dennoch einigermaßen über die Runden zu kommen, wird sie sich gezwungenermaßen einen Mann suchen müssen, der stellvertretend für sie eintritt und – wenn möglich – gut versorgt. Zu diesem Zweck tut sie gut daran, sich möglichst für den Mann attraktiv, also appetitanregend zu präsentieren, was in der Regel sexuelle Stimulation bedeutet. Damit ist der Kreislauf geschlossen und die Falle schnappt zu.

Weiblichkeit zu leben heißt also vor allem, die Orientierung nicht in sich selbst zu suchen, sondern außerhalb. Im Zentrum des Daseins der Frau steht der Mann. Sie sorgt sich um ihn, statt sich selbst zu versorgen. Von seinem Wohlwollen hängt ihr Selbstwertgefühl ab. Solange sie ihm gefällt, kann sie es erhalten, sinkt sein Interesse, sinkt auch ihr Selbstwertgefühl. Dass aus einem derartigen psychischen Kuhhandel kein Selbstbewusstsein erwächst, dürfte klar sein. So muss Weiblichkeit also immer dahingehend verstanden werden, dass es systemerhaltend wirkt, das männliche Größenselbst[23] stärkt und sein Selbstbild nicht in Frage gestellt wird. Verhaltensweisen von selbstsicheren und selbstbewussten Frauen gefährden und torpedieren seine Größen- und Überlegenheitsfantasien; genau deshalb werden solche Frauen als «unweiblich» abgetan. Dann steht es ihnen frei, ob sie sich selbst, ihrer Stärke und ihrer Kompetenz treu sein wollen, dabei aber als unweiblich abgeurteilt werden – was gleichbedeutend damit ist, keine richtige Frau mehr zu sein und in ihrer Geschlechtsidentität in Frage gestellt zu werden –, oder ob sie sich möglichst schnell die gerügten Verhaltensweisen abgewöhnen, dafür aber als vollwertige Frau dazugezählt werden. Viele Frauen bleiben dabei auf der Strecke oder pendeln von einem Extrem ins andere, was zweifellos nicht dazu dient, in sich eine bessere Selbstorientierung zu finden. Wer sich stets selbst verleugnet, verliert den Selbstkontakt und wird deshalb kaum Zugang zu seinem inneren Selbstwert finden. Und wer kein Selbstwertgefühl entwickeln kann, hat auch kein Selbstbewusstsein.

Die heranwachsende Frau lernt früh, dass es durchaus auch Vorteile haben kann, dem weiblichen Geschlecht anzugehören, vor allem dann, wenn sich Männer von ihr angezogen und durch sie sexuell stimuliert fühlen. Für viele Mädchen ist die Erotik der einzige Bereich, in dem sie erleben, etwas in Bewegung zu setzen oder gar zu beeinflussen. Für viele ist und bleibt es die einzige Möglichkeit, so etwas wie Macht zu erleben. Mädchen lernen früh, ihr Selbstbild mit ihrer Fähigkeit zur sexuellen Stimulierung zu koppeln: Ich werde begehrt, also bin ich. Eine mit anderen konkurrierende Selbstwahrnehmung breitet sich aus und sorgt dafür, dass allmählich die Orientierung in die eigene Wahrnehmung verloren geht und sich nach außen verlagert. Viele Frauen verstricken sich in dem Widerspruch, um zu gefallen, sich einerseits selbst aufzugeben, andererseits verzweifelt darum zu kämpfen, sie selbst zu sein, und dabei wenig Resonanz von außen zu erhalten. Oft finden wir erst im fortgeschrittenen Alter wieder aus diesem Widerspruch heraus, nachdem wir von zahlreichen Krisen gebeutelt wurden. Unzählige Frauen irren orientierungslos von einer Falle in die nächste, pendeln zwischen Unterwürfigkeit und Dominanz, glauben dabei aber daran, selbstbewusst handelnd zu sein.

Ich kenne die meisten Hürden. Ich schaue zurück und stelle mit großem Entsetzen fest, wie viel Energie auch ich dafür verschwendete, mich in diesem Widerspruch einigermaßen zurechtzufinden. Ich wollte immer anders sein. Ich wollte immer etwas an mir verändern. Tief saß das Gefühl, irgendetwas stimme nicht. Ich hatte die Orientierung in mir verloren und kurvte stets um ein goldenes Kalb, dem ich um alles in der Welt gefallen wollte. Und wenn ich meinte zu gefallen, setzte ich alles daran, dass das männliche Wesen möglichst weiterhin Wohlwollen an mir fände. So habe ich unzählige verzweifelte Stunden vor dem Spiegel verbracht oder beim Friseur umsonst darauf gehofft, dass ein Wunder geschehe und er mich von dem unsäglich miesen Gefühl erlösen könne, nicht schön zu sein. Obwohl ich damals sehr schlank war, fühlte ich mich wie eine Tonne und hielt streng Diät. Ich habe sämtliche Möglichkeiten ausgeschöpft, mit einem erotisch attraktiv-verführerischen Äußeren Aufsehen zu erregen, und bin dabei mir selbst abhandengekommen. Es war wie eine Besessenheit, die mich nicht mehr losließ. Wenn ich mich rückblickend betrachte, bin ich zutiefst erschüttert. Ich opferte meine Natürlichkeit zugunsten einer Kunstfigur und glich wohl eher einer Karikatur als einer Frau. Ich hörte nicht auf zu hoffen, dass eines Tages der Traummann herbeieilen würde, mich umwerfend schön und schlank und intelligent und originell fände und mich deshalb über alles lieben würde. Er kam nicht. Dafür schnupperten Vertreter der männlichen Spezies hinter mir her, was ich in meiner Not für Liebe hielt. Ich erinnere mich an die Zeit, als ich mich dazu hinreißen ließ, mit ein paar

Augenaufschlägen einem Herrn eine Zustimmung für ein Vorhaben oder ein Projekt abzuringen. Oder an den Versuch, einen Polizisten durch entsprechendes Verhalten von einer Buße für zu schnelles Fahren abzuhalten. Oder ich habe in Diskussionen Argumente charmant verpackt, mit typischen Unterwerfungsritualen wie dem schräg gestellten Kopf den männlichen Status erhöht und den meinen etwas verkleinert, meine eigene Kompetenz heruntergespielt und die seine aufgebläht.

Angesicht einer solchen inneren Zerrissenheit von Selbstbewusstsein zu sprechen, klingt vermessen. Die betreffende Frau gleicht vielmehr einer Ertrinkenden, die wild um sich schlägt, um nicht jämmerlich abzusaufen.

In unserer Gesellschaft gelten Eigenschaften wie Autonomie, Kompetenz, Selbstverantwortung, geistige und materielle Potenz eher als unweiblich, zumindest für eine Frau nicht als fraglos unproblematisch. Das heißt, dass wir nicht in aller Selbstverständlichkeit aus unserer inneren Kraftquelle schöpfen, sondern dazu neigen, uns wenigstens nach außen als ein bisschen hilfsbedürftig darzustellen. Wir schmälern also unseren Fähigkeitsbereich, grenzen ihn freiwillig ein, damit sich das männliche Größenselbst umso besser ausdehnen kann. Dadurch aber erfährt unser Selbstbewusstsein zwangsläufig Beeinträchtigung und gerät in Raumnot. Denn in diesem Spiel, unsere eigenen Kompetenzen und Fähigkeiten zu verbergen oder gar zu verleugnen, kann es nur zu leicht geschehen, dass sie uns tatsächlich abhandenkommen.

Deshalb besteht der erste Schritt, um mehr Selbstbewusstsein zu erlangen, in einer ernsthaften Auseinandersetzung mit dem eigenen Selbstbild. Dies gelingt sehr viel tiefgreifender und gründlicher in einer Frauengruppe als allein. Beim Zuhören von Schilderungen anderer Erlebnisweisen und Gedankenwelten tritt die eigene Position auch in der Abgrenzung deutlicher zutage. Der Gruppenprozess lässt sich mit einer archäologischen Forschungsreise vergleichen, auf der unterschiedliche Personen Grabungen vornehmen, ihre Fundstücke zusammentragen und auf diese Weise versuchen, ein Stück Geschichte zu verstehen. Dabei zeigt sich die gesamte Bandbreite all jener Fähigkeiten, Begabungen und Kompetenzen, die einst in einer groß angelegten Anpassungsleistung versenkt worden sind.

Weibliche Identität findet in einem Prozess der Entwicklung statt, in dem wir alle Entfaltungsmöglichkeiten in uns ausloten und zur vollen Blüte bringen. Jede Einmischung und Beeinflussung von außen behindert inneres Werden. Und wenn es ganz blöd kommt, wohnen wir lebenslang in der uns zugewiesenen Hundehütte statt in einem lichtdurchfluteten Palast. Wer sich mit seiner eigenen Weiblichkeit versöhnen will, kann unmöglich weiterhin freiwillig auf die Möglichkeit des eigenen Handelns und Entscheidens verzichten und sich in eines der angebotenen niedlichen Kostümchen hineinzwängen, die Bewegungs- und Gestaltungsfreiheit einschränken oder ganz verunmöglichen.

Merkmal Differenz

Frauen sind anders als Männer. Wir haben einen anderen Körper. Wir denken anders. Wir fühlen anders. Wir handeln anders, und wir sprechen auch anders. Wer in einem weiblichen Körper wohnt, macht grundsätzlich andere Erfahrungen des In-der-Welt-Seins. Der Wohnraum in einem weiblichen Körper ist ein völlig anderer als in einem männlichen. Wir erleben unseren Körper in räumlicher Dimension, wir sind höhlenreich, verfügen in uns über einen Raum, der in der Schwangerschaft das neue Leben birgt und ihm Heimat gibt. Wir erleben auch die Sexualität als ein innenräumliches Ereignis. Diese Erfahrungen prägen uns und machen uns hellhörig für alles, was sich im Innern abspielt.

Niemals kämen wir auf die Idee, dass es neben der äußeren nicht genauso gut eine innere Wirklichkeit gibt. Die Fähigkeit, Räumlichkeit in sich zu erleben, lässt sich bereits bei kleinen Mädchen feststellen, wenn es beispielsweise darum geht, sich in die Innenwelt eines anderen Menschen hineinzudenken, um dessen Erleben besser nachzufühlen. Mitgefühl ist eine Eigenschaft, die vor allem Frauen auszeichnet. Es ist sicher kein Zufall, dass gerade Frauen im Umgang mit anderen zur größeren sozialen Bereitschaft tendieren, dazu, auf andere Rücksicht zu nehmen, mit anderen zu teilen, andere an Erfahrungen partizipieren zu lassen. Unsere Bereitschaft, sich in den anderen einzufühlen und seine Bedürfnisse und Wünsche zu verstehen, kann so weit gehen, dass das eigene Wohl ausgeblendet wird. Auf der Spielwiese der Sexualität finden sich viele Beispiele, wie

Frauen ihr Körperhaus einem Mann zu Verfügung stellen, der das ihm eingeräumte Gastrecht schamlos missbraucht und sich dabei wie ein Hauseigentümer verhält.

Ein anderes weibliches Grunderlebnis sorgt dafür, dass sich Frauen in Beziehung zur Macht und zu dem Wahn, auf alles Einfluss nehmen zu können, um einiges realistischer verhalten als Männer. Ein junges Mädchen erlebt, wie sich die Menstruation in ihm vollzieht, ohne dass es auf diesen Vorgang in irgendeiner Weise Einfluss nehmen könnte. Es lernt also schon sehr früh: Es gibt Dinge im Leben, die weder zu beeinflussen noch zu steuern sind.

Ebenso verhält es sich mit der Schwangerschaft. Ist sie erwünscht, so erleben wir sie als ein großes Geschenk, und kaum eine Frau denkt: «Das habe ich geschickt eingefädelt.» Eine unerwünschte Schwangerschaft hingegen hängt als düstere Schicksalswolke über der Frau, der ganze Lebensplan, die Zukunftsvisionen sind zerstört. Und sie weiß eines mit Sicherheit: «Ich kann dagegen nichts tun. Ich bin diesem Ereignis ausgeliefert.» Sie weiß aber auch: Ein Schwangerschaftsabbruch ist auf jeden Fall mit dem Versuch zu vergleichen, Himmel und Hölle aus den Angeln zu heben. Trägt sie hingegen die Schwangerschaft aus, erlebt sie die Unerbittlichkeit eines Zeitkontinuums von neun Monaten: Eine Schwangerschaft dauert neun Monate, dauert neun Monate, dauert neun Monate ... Das alles schärft ihre Fähigkeit, Machbarkeit realistisch einzuschätzen und dadurch dem Größenwahn, dass letztlich alles steuer- und machbar sei, erst gar nicht zu verfallen.

Ich wurde kürzlich von einem Bankinstitut eingeladen,

einen Vortrag vor Frauen aus Familienunternehmen zu halten. Der Wunsch des Veranstalters lautete: eine Laudatio für Frauen, deren unermüdlicher Einsatz im Familienbetrieb gewürdigt werden sollte. Die Begründung dafür lautete, in Familienunternehmen wache die Ehefrau in aller Regel darüber, dass nicht für unsinnige und waghalsige Projekte Kredite aufgenommen würden, die sich hinterher als schwere Belastung für das Unternehmen entpuppen. Nicht selten würde die Finanzlage nach einer Scheidung problematisch, weil der realistische Blick der Frau fehle.

Schon durch unsere körperliche Beschaffenheit machen wir bestimmte prägende Erfahrungen, die uns ein wichtiges Erfahrungswissen vermitteln. Das Patriarchat hat die weiblichen Grunderfahrungen, darunter die Fähigkeit der Frau, Kinder zu gebären, zu Defiziten uminterpretiert. Es ist noch nicht lange her, da wurde ernsthaft die Frage diskutiert, ob Frauen überhaupt ein Hirn besitzen. Das Buch des Arztes Paul Julius Möbius, das unter dem Titel «Über den physiologischen Schwachsinn des Weibes» erstmals 1900 erschien und inzwischen immer wieder neu aufgelegt wurde, stößt offenbar noch immer auf reges Interesse. Es stärkt die Bestrebungen, Frauen weiterhin gerechtfertigterweise zu dominieren.

Zweifellos sträubt sich alles dagegen, wir wollen nicht wahrhaben, dass die alte patriarchale Position von der Minderwertigkeit der Frau noch immer in unseren Köpfen herumspukt. Doch Spuren davon lassen sich noch immer erkennen. Man bedenke nur, wie viel Energie Frauen noch zu Beginn des zwanzigsten Jahrhunderts aufzubringen und wie viele Hindernisse sie zu überwinden hatten, um sich erst einmal den Zugang zu Wissen und Wissenschaft zu verschaffen. Trotzdem oder gerade deshalb haben sie es zu außergewöhnlichen und herausragenden Leistungen gebracht.

Vielleicht genügt ein Blick auf die eigene Familie, um zu sehen, wie viel weibliches Potenzial immer noch brachliegt. Immer dann, wenn sich Weiblichkeit in einem Zerrbild zum Ausdruck bringt, können wir davon ausgehen, dass ein Begabungsstau vorliegt und die Frau verzweifelt nach Ventilen sucht, Dampf abzulassen. Das kann die schrullige Tante sein, über die sich alle lustig machen, das kann die eigene Mutter sein, der niemand mehr zuhören will, weil sie so wirr daherredet, das kann die Großmutter sein, die eigenartige Ansichten vertritt. Wenn sich das Interesse einer Frau ausschließlich auf Schönheit, Schlankheit oder Fitness, auf das Studium von Kochbüchern und Strickmustern richtet, so handelt es sich in der Regel um eine Notmaßnahme, den unterernährten Geist wenigstens mit etwas Futter zu versorgen.

Auch wenn die jungen Frauen heute um einiges selbstbewusster wirken und zweifellos viel mehr von ihrem Potenzial verwirklichen als ihre Mütter, so heißt das noch lange nicht, dass diese gute Ausgangssituation auch die entsprechenden Folgen hat. Der massive Anstieg der Zahl von Studentinnen müsste dann auch vor allem im universitären Bereich zu massiven Veränderungen führen. Mindestens zur Hälfte müssten Professorinnen an Universitäten lehren. In sämtlichen Kaderpositionen müsste sich eine deutliche Umschichtung der Geschlechterverteilung entwickeln. Bis jetzt waren die Auswirkungen minimal, und es ist anzunehmen, dass sich auch in Zukunft daran nicht allzu viel ändern wird.

Noch immer leisten Frauen zwei Drittel der gesamten Weltarbeit, werden dafür aber mit zehn Prozent entlohnt. Frauen besitzen weniger als ein Hundertstel des weltweiten Eigentums. Diese Zahlen wurden 1980 von einer Kommission der Vereinten Nationen ermittelt und haben nichts an Gültigkeit verloren. Das Ergebnis einer Studie des Instituts für Arbeitsmarkt- und Berufsforschung (IAB) bestätigt: 2014 sind 25 Prozent Frauen in Führungspositionen in Deutschland angekommen. In der Schweiz sind es noch weniger: 21 Prozent. Der Frauenanteil bei den Konzernchefs beträgt aktuell 8 Prozent. Der Anteil bei den Professorinnen sieht nicht viel besser aus: 23 Prozent.

Bezüglich des Einkommens zeigt sich in frauentypischen Branchen das niedrigste Lohnniveau, was sich im Rentenalter nochmals «auszahlt»: Drei von vier Rentnerinnen erhalten eine Rente, die geringer ist als der Sozialhilfesatz. Armut im Alter ist vor allem Armut der Frauen.

Der absurdeste Gedankenfehler aber ist die Einschätzung, Berufstätigkeit, Muttersein und Familie seien problemlos unter einen Hut zu bringen. Noch sitzt in vielen Köpfen der Muttermythos, der da heißt: rundum liebend, allgütig, saumselig geduldig und vor allem selbstlos, also sich selbst vergessend. Mit diesem Handgepäck lassen sich keine großen Sprünge machen. Es ist lebensfeindlich und richtet sich gegen das Lebensgesetz, das Wachsen und Werden einfordert. Generationen von Frauen sind an diesem

Himmelfahrtskommando gescheitert und haben erlebt, dass diese Forderungen nicht zu erbringen sind.

Die meisten Töchter wollen nicht wie ihre Mütter werden. «Nein, niemals» – sagen sie. Obwohl sie sich ihren Müttern durchaus liebevoll verbunden fühlen, wollen sie um keinen Preis werden wie sie. Dafür gibt es eine logische Erklärung. Die Tochter ist die Kronzeugin des Lebens, das ihre Mutter führte: rund ums Jahr im Einsatz für die Familie, dafür in der Regel wenig Anerkennung und im Alter – falls nicht Wohlstand ererbt wurde – Altersarmut.[24]

Wer durch den Waschsalon traditioneller Erziehung geschleust worden ist, hat sich durch Kinderbücher einer unfreiwilligen Prägung unterzogen. Obwohl sich auch dort das Frauenbild allmählich zu ändern beginnt, sind noch immer gewaltige Unterschiede der Geschlechter und der mit ihnen verbundenen Fähigkeiten auszumachen. Selbst wenn Mädchen nicht mehr ausschließlich in typisch weiblichen Tätigkeiten dargestellt werden, wie etwa beim Arbeiten in der Küche, so sind sie zumeist in pflegerischen und dienenden Aktivitäten anzutreffen, während sich die Jungs auf Abenteuer einlassen und die Welt erkunden und erobern, die ihnen dann dadurch auch offensteht.

Hinzu kommen äußerst komplizierte, schwierige und mit zahlreichen Fallen versehene Lebenssituationen, durch die sich ein weiblicher Lebenslauf quälen muss. Etwa im Spannungsfeld der Pubertät über die Runden zu kommen, wenn sich der Körper allmählich in Richtung weiblicher Formen verändert, einerseits mit begehrlichen Blicken behaftet wird und zugleich einer Entwertung ausgesetzt ist. Dann folgen

Ausbildung und Berufswahl. Soll es der Beruf fürs Leben werden oder nur bis zum ersten Kind? Wie kann ich Beruf und Kinderkriegen einigermaßen vernünftig verbinden? Gehört die Frau ins Haus oder sollte sie berufstätig sein? Die Umfragen sind ziemlich ernüchternd. In einer Abschlussklasse in Österreich sehen 70 Prozent der Mädchen die Zukunft nicht in einem Beruf, sondern in der Familiengründung. In der Schweiz sieht es nicht besser aus. An einer 20-Minuten-Umfrage, die im April 2017 von den Politologen Lucas Leemann und Fabio Wasserfallen durchgeführt wurden, haben 6889 Personen teilgenommen: Fast ein Drittel der Schweizer findet, die Rolle der Frau in der Gesellschaft bestehe darin, eine gute Hausfrau und Mutter zu sein. Wo soll es langgehen? Sie kann es machen, wie sie will, es wird immer falsch sein.[25] Wenn es nicht gelingt, Frauen – wie das für Männer selbstverständlich ist – eine breite Palette für ihre beruflichen Interessen zuzugestehen und gleichzeitig Familie und Muttersein unter einen Hut zu bringen, bleibt für viele alles beim Alten. Eine Grundbedingung dafür, dass es nicht so kommt, ist, dass Kinderbetreuung in den Fokus eines gesamtgesellschaftlichen Interesses rückt, mit sämtlichen unterstützenden Maßnahmen.

Die Errungenschaft des 20. Jahrhunderts, Bildung für Frauen in allen Disziplinen zu ermöglichen, hat zu einer Art dankbarer Duldungsstarre geführt. Ansonsten würden wir rasch der Mogelpackung auf die Schliche kommen. Gut, Frauen können jeden Beruf, jedes Studium wählen. Doch im Moment der beginnenden Zellteilung in ihrer Gebärmutter ist es aus und vorbei mit Wählbarkeit und dergleichen. Bereits in der Schwangerschaft wird die Frau den immensen organisatorischen Betreuungsfahrplan für das Kind zusammenstellen, um sich irgendwann wieder im Beruf einzuklinken. Solange das nicht problemlos möglich ist, werden Frauen immer daran scheitern und den Fehler bei sich selbst und ihrem Unvermögen suchen.

Es ist also nicht verwunderlich, wenn viele Frauen unter mangelndem Selbstbewusstsein leiden! Es ist zwar ein schwacher Trost, aber immerhin gut zu wissen, dass der Fehler nicht bei uns selbst zu suchen ist. Deshalb sollten wir immer wieder daran denken: Wer zu wenig Selbstwertgefühl besitzt, ist nicht hochgradig gestört und neurotisch, sondern zeigt ein hohes Maß an gesunder Reaktion auf krank machende Umstände.

Wer nun denkt, dies betreffe ausschließlich die ältere Generation, der irrt. Zwar ist es richtig, dass die jungen Frauen selbstsicherer geworden sind. Grundsätzlich aber lässt sich beobachten, dass das Selbstbewusstsein einer jungen Frau sofort leckt, wenn der erste Sturm der Verliebtheit über sie hinwegfegt. Die Verliebtheit bricht auf, macht verletzbar. Wer liebt, öffnet sich dem andern. Und weil für heterosexuelle Frauen der Liebespartner ein Mann ist, dringt mit ihm auch die gesamte patriarchale Vorgeschichte in ihr Leben, selbst dann, wenn sich der Mann selbst davon distanziert. Das zuvor aufgebaute Selbstbewusstsein, an dem patriarchale Entwertungsmuster wie an einem Panzer abprallten, gerät aus den Fugen, und allmählich dringen die uralten Klischees und Bilder wie ein männliches Dominanz-Virus in die aufgeweichte Seele.

Es gibt wenige Vorbilder dafür, dass Intelligenz, Stärke, Kompetenz und Wissen einer Frau trotz Partnerschaft vollumfänglich erhalten bleiben. Hingegen gibt es eine große Zahl von intelligenten und autonomen Frauen, die sich unverzüglich dem Dominanzanspruch des Mannes unterwerfen und sich seiner Schirmherrschaft unterstellen. Als Gegenleistung für Schutz und Versorgung übernehmen sie dienstbare und pflegerische Funktionen sowie erotische Stimulanz. Meist handelt es sich um einen beinahe unmerklich schleichenden Prozess, der von den Betroffenen kaum wahrgenommen wird. Irgendwann aber stellt die Frau fest, dass die einstige Selbständigkeit und ihr Selbstbewusstsein Schlagseite bekommen haben.

Wird sie auch noch schwanger, steigt die Möglichkeit, in eine Abhängigkeit hineinzugeraten, die sich aus ihrer wirtschaftlichen Abhängigkeit herleiten lässt. Psychologisch gesehen entsteht hier ebenfalls eine neue Falle. Selbstverständlich wünscht sich die Frau einen Vater für ihr Kind! Sie erhofft sich nichts sehnlicher, als dass er sich für den Nachwuchs interessiert, sich um ihn kümmert, sich bei Pflege und Erziehung verantwortlich zeigt. Falls aber der Mann, trotz des von der Frau geleisteten, ihn motivierenden Einsatzes kein großes Gefallen an seinem Nachwuchs zeigt, wird sie schließlich als alleinige Verantwortliche den Karren ziehen und sich dabei selbst gut zureden: «Wenn ich mich um das Kind kümmere, ist das schließlich ein sehr wichtiger und ernst zu nehmender gesellschaftspolitischer Beitrag, den ich leiste.» Nur leider merkt es außer ihr niemand.

Die durchaus richtigen Überlegungen bleiben in ihren

privaten Wänden hängen, die Realität sieht anders aus. Als «Nur-Hausfrau» und Mutter steht sie im unteren Bereich der Rangstufe – etwa derjenigen einer Putzfrau. Ihr sozialer Status wird zwar durch den Mann und seine Position erhöht, vorausgesetzt, sie verzichtet auf eine eigene Identität und identifiziert sich mit dem Status ihres Mannes. Setzt sich aber der Partner irgendwann ab, fällt sie auf den untersten Status – siehe Alleinerziehende. Dieser Vorgang ist für die meisten Frauen derart beängstigend und zutiefst verletzend, dass viele Frauen nur überleben, indem sie diese Kränkungen verdrängen. Aber dieser Verdrängungsprozess hat schwerwiegende Folgen. Werden verletzende Inhalte ins Unbewusste abgedrängt, geraten umliegende und im Zusammenhang stehende Bereiche ebenfalls unter die Räder. Nur so ist es zu erklären, dass es derart viele Frauen gibt, die sich nicht mehr daran erinnern können, jemals auch noch über andere Fähigkeiten und Talente verfügt zu haben, als sich um das Wohlergehen eines meist abwesenden Mannes zu kümmern. In einer Therapiesitzung beklagte sich eine zweiundvierzigjährige Frau und Mutter einer zwölfjährigen Tochter, die sich von ihrem Mann trennen wollte, dass sie ohne ihn keinerlei Überlebenschance habe: «Ich kann nichts, ich bin nichts, ich habe nichts zu bieten», argumentierte sie. Als ich mich erkundigte, was sie denn vor ihrer Ehe beruflich gemacht habe, meinte sie mit einer ziemlich herablassenden Handbewegung: ‹Gymnasiallehrerin›. Gut, kann man denken, sie ist ein bedauernswerter Einzelfall. Leider trifft das nicht zu. Ich könnte diese Selbstentwertungsliste mit unzähligen Beispielen fortführen. Frauen vergessen oft schnell, über welche Kompetenzen sie einst verfügten.

Selbstbewusstsein, Selbstsicherheit und Selbstbehauptung gehören zum unumgänglichen Rüstzeug, um das eigene Leben in die Hand zu nehmen und es zu meistern. Es sind dies aber nicht fest zementierte Eigenschaften, die – einmal erworben – für den Rest des Lebens erhalten bleiben. Ebenso verteilen sie sich nicht flächendeckend gleichermaßen über sämtliche Lebensbereiche. Manchmal kommen diese Eigenschaften plötzlich zum Erblühen oder ziehen sich wie Fühler einer Schnecke beim geringsten Windhauch zurück. Oft ereignen sich diese gegensätzlichen Verhaltensweisen sogar fast zeitgleich, was Frauen zusätzlich verunsichert. Da behaupten wir uns tagsüber im Beruf mit größter vorstellbarer Selbstsicherheit, setzen uns gar für andere ein, kämpfen zielsicher, streiten angstfrei um die Rechte eines anderen. Aber kaum sind wir abends mit dem Partner zusammen, geht uns die Luft aus. Wir sind zahm und nett, verrichten anmutig Pflegerisches, drapieren uns verführerisch in farblich abgestimmte Seidenkissen und setzen alles daran, dem Partner zu gefallen. Ganz Weib. Oder aber wir schrumpfen zum kleinen ängstlichen Mädchen, das sich selbstlos und artig um das Wohl des Herrn kümmert und alles macht, um nicht verlassen zu werden. Das alles ist normal.

Die Definition von Weiblichkeit kreist also vor allem um Benachteiligung, um Abhängigkeit und sexuelle Ausbeutung, um Fremdbestimmung und um Minderwertigkeit. Auch bei Frauen, die für sich längst die gleichen Rechte in

Bildung und Einkommen erkämpft haben, bleibt ein Bodensatz zurück, eine Erinnerung in den Zellen. Die einen treten weiterhin unermüdlich für Gleichberechtigung und Gleichstellung von Mann und Frau ein, andere hingegen bestreiten vehement Ungleichheit und verschließen die Augen vor der Realität. Sie identifizieren sich unverhohlen mit der männlichen Siegerseite und entsolidarisieren sich mit ihren Geschlechtsgenossinnen.

Die uns als weiblich angebotenen Rollen sind in engen Grenzen definiert und lassen nur bestimmte Funktionen zu. Unsere Vorstellungen weichen oft voneinander ab und geben Anlass zu heftigen Diskussionen, wer nun wohl eher als Frau bezeichnet werden kann und welches Frauenbild das passendere ist.

Dem Patriarchat kann nichts Besseres geschehen, als dass wir uns diese Grabenkämpfe liefern, uns gegenseitig die viel zu kleinen Kostümchen und Korsettchen um die Ohren schlagen und so unsere Kraft vergeuden. Dabei hätten wir genug damit zu tun, mit offenen Augen durch die Welt zu gehen, um den Blick für die Fakten einer pervertierten Gesellschaftsstruktur zu schärfen, in welcher ungleiche Herrschaftsverhältnisse zwischen Mann und Frau noch immer zum gängigen Alltag gehören.

In einem Spiegel-Interview[26] sagte die kluge Maria Furtwängler: «Grob gesagt: Wer für gleiche Rechte für Männer und Frauen einsteht, ist Feminist oder Feministin. Das tue ich.»

Und genau das sollten wir alle auch tun. Alle. Dafür einstehen – ohne Wenn und Aber. Die Zeit ist vorbei, wo wir verunsichert und mit eingezogenem Kopf zwischen den Schultern durch die Gegend trippeln oder uns wie ein niedliches Blumensträußchen in die Landschaft drapieren, um vom Herrn gesehen, erkannt und letztlich begehrt zu werden. Mit dem klaren Bekenntnis, eine Feministin zu sein, fordern wir unser Löwinnenbewusstsein für alle Frauen ein.

Aggression – die unterdrückte Kraft

In unserer Kultur wird Aggression grundsätzlich negativ bewertet. Handelt es sich aber um männliche Aggression, werden dieser unverzüglich mildernde, hormonell begründete Umstände zugestanden. Aggressives Verhalten wird beim Mann entweder entschuldigt, verdrängt und bagatellisiert oder gar als besonders beeindruckende Darstellung von Männlichkeit verherrlicht. Sobald jedoch Aggression mit Weiblichkeit in Verbindung gebracht wird, ändert sich das schlagartig. Während einem als aggressiv bezeichneten Mann auch durchaus liebenswürdige Seiten zugestanden werden (»Im Grunde seines Herzens ist er ganz weich und lieb«), kann eine Frau auf diese differenzierte Wahrnehmung ihrer Eigenschaften und Beurteilung ihres Wesens nicht rechnen. Eine aggressive Frau wird nicht nur mit einer wild um sich schlagenden, keifenden und angriffslustigen Furie gleichgesetzt, sondern erhält auch noch das Etikett besonderer Gefährlichkeit, was beinahe eine staatsfeindliche Komponente impliziert. Aggressiv genannt zu werden kommt für eine Frau im Grunde einem Bannspruch gleich; entweder gelten solche Frauen als Hysterikerinnen oder

Verrückte oder das Urteil, «keine richtige Frau» zu sein, trifft sie in ihrer Identität.

Was aber steht hinter dem Begriff Aggression? Zunächst hat er überhaupt nichts mit Destruktion, mit Zerstörung und Vernichtung zu tun, sondern beschreibt lediglich eine nach vorwärts gerichtete Antriebskraft. Aggression muss als zielgerichtete und durchdringende Energie verstanden werden, als Offensivkraft. Die Erde stünde still, gäbe es diese Kraft nicht. Aggression ist ein Urprinzip, das sich in allen Lebensbereichen manifestiert, sich aber stets in den Dienst des Werdenden und der Erneuerung stellt. Kein Kind würde je das Licht der Welt erblicken, würde es nicht von einer ungeheuer intensiven Kraft durch den Geburtskanal gestoßen. Jede Frau, die ein Kind zur Welt bringt und von den letzten Presswehen überrollt wird, erfährt diese Urkraft am eigenen Leib und dringt in diesem Moment in das tiefste Geheimnis des Mysteriums Leben ein. Gerade im Geburtsvorgang wird deutlich, mit welchen aggressiven Impulsen sich das neue Leben durchsetzt, die Fruchtblase sprengt, sich vom hinderlich Umhüllenden befreit und sich den Weg ins Leben bahnt.

Im Tierreich spiegelt sich dieses Urprinzip nicht nur in der Produktion neuer Lebewesen wider, etwa beim Küken, das mit seinem spitzen Schnabel die Eierschale aufhacken muss, um auszuschlüpfen, sondern auch in eindrücklicher Weise in der Nahrungsbeschaffung. Auch in der Natur hängt die unberechenbare Kraft aggressiver Impulse mit dem unaufhaltsamen Streben nach Wachstum und Erneuerung zusammen. Im Frühjahr *sprengt* diese Kraft die winterliche Ruhepause, die Knospen *brechen* auf, Keimlinge *durchbohren* die Erde, Bäume *schlagen* aus. Hildegard von Bingen nennt diese Energie «Grünkraft».

Wenn nun aber der größenwahnsinnige Versuch unternommen wird, ein Urprinzip zu unterbinden, wird sich die ausgetrickste oder gar blockierte Energie andere Wege suchen. Die vorwärtsdrängende Kraft ist mit einem gigantisch breiten dahinfließenden Strom zu vergleichen. Solange er sich in seinem Flussbett fortbewegt, geschieht nichts, außer dass das Wasser in Bewegung ist und absehbare Gefahrensituationen birgt. Wird nun das Flussbett verengt oder das ungehinderte Weiterfließen ganz verhindert, tritt das Wasser über die Ufer, die ausgebrochene Flut bahnt sich andere Wege und richtet großen Schaden und Zerstörung an. Und genauso verhält es sich mit aggressiven Impulsen. Wenn sie den ihnen zustehenden Raum nicht erhalten, werden sie sich einen Ausweg suchen und ihn mit Sicherheit auch finden. Und dann wirkt dieses umgewandelte Urprinzip vernichtend, zerstörerisch und kriegerisch. In allen Bereichen zeigt sich deutlich, wie sich dieses dem Menschen zum Wohle und zum Leben dienende Prinzip der Aggression sofort ins Negative verkehrt, wenn es unterdrückt wird.

Wem die vorwärtsdrängende Kraft gestoppt wird, die sich durch das Hervorbringen herausragender Leistungen zum Ausdruck bringt, wird seines kostbarsten Gutes, seiner Lebensmotivation beraubt. Wer nicht über sich selbst bestimmen kann und wer nicht in den höchsten Genuss der Selbstverantwortung vordringen darf, ist dazu verdammt, auf sein eigenes Leben zu verzichten und andere über sich bestimmen zu lassen. Die Verlockung, durch ein staatliches Auffangsystem versorgt zu werden, mag zunächst noch reizvoll sein. Interessant ist jedoch, dass ausgerechnet die Menschen, denen staatliche Subventionen zuteilwerden, in keiner Weise ihrem Versorger in Dankbarkeit zugeneigt sind. Im Gegenteil: Eine große Unzufriedenheit geht durch die Reihen, jeder fühlt sich benachteiligt und schimpft über das Staatswesen und seine Vertreter.

Auch im Bereich der Aggression hält der Mann die Trümpfe in der Hand. Während ihm zahlreiche gesellschaftlich tolerierte Möglichkeiten zur Verfügung stehen, seine Vorstellungen und Anliegen zum Ausdruck zu bringen, sich durchzusetzen oder auch nur Dampf abzulassen, hat die Frau diese Möglichkeit nicht. Grundsätzlich gilt: Selbst wenn ein Mann zerstörerische Impulse lebt, braucht er keinerlei gesellschaftliche Ächtung zu befürchten. Darüber hinaus steht ihm im Allgemeinen ein weites Feld der Betätigung offen, in welchem er in konstruktiver Weise seine vorwärtsdrängende Kraft umsetzen kann, wie zum Beispiel in beruflichen, politischen und weitgehend auch in gesellschaftlichen Bereichen. Er kann konkurrieren, andere aus dem Rennen schlagen, überrunden und vor allem kann er unumwunden seine Ziele, die er zu erreichen gedenkt, kundtun. Männer haben keine Mühe, ihren Anspruch auf Macht zu vertreten. Dabei demonstrieren sie nichts anderes als ihre Stärke, ihren Durchsetzungswillen und ihr großes Energiepotenzial.

Eine Frau hingegen, die die gleichen Verhaltensweisen an den Tag legt, gilt als unweiblich. Da, wo der Mann das Urprinzip Aggression angstfrei und unbesorgt auslebt, wird es für uns Frauen zur Gratwanderung oder führt gar zu unserem Ausschluss. Und auch dort, wo aggressive Impulse in Form einer vorwärtsdrängenden Energie nicht gelebt werden können und sich einen anderen Weg suchen, zerstörerisch und gewalttätig werden, hat der Mann grundsätzlich eine bessere Position. Selbst dann, wenn sich männliche Aggression gegen andere Menschen richtet, tragen die Konsequenzen in der Regel nicht die Männer, sondern die Frauen: Jede fünfte Frau erlebt Gewalt am eigenen Leib.

Nicht wenige Männer schlagen ihre Frauen und Freundinnen. Solche Gewalthandlungen können entweder eine einmalige Ohrfeige sein (*«Das kann doch jedem passieren!»*) oder in regelmäßigen Wiederholungen stattfinden. Es gibt Männer, die ihre Frauen entweder halb oder ganz totschlagen. Und es gibt Männer, die Frauen umbringen, solche, die sie kennen, oder solche, die ihnen unbekannt sind. Männer vergewaltigen Frauen. Am helllichten Tag oder in dunklen Nischen. Und manchmal vergewaltigen sie ihre eigenen Kinder. Auch gibt es Männer, die zuerst vergewaltigen und die Opfer hinterher umbringen oder in umgekehrter Reihenfolge. In Kriegen gehört es mitunter zur Kampfstrategie gegen ein Volk, dessen Frauen systematisch zu vergewaltigen, das heißt, eine Frau wird von mehreren Männern nacheinander vergewaltigt. Aber selbst diese pervertierte Umsetzung männlicher Aggression erfuhr bis vor wenigen Jahren noch keine konsequente Missbilligung durch eine restriktive Bestrafungspraxis. Erst in jüngster Zeit wird von Kriegsverbrechen gesprochen und der Tatbestand entsprechend bestraft. Die unterschiedlichsten Formen von Gewalt gegen Frauen wurden in unserer Rechtsprechung halbherzig geahndet, je nach Zusammensetzung des männerbündischen Gerichts.

Wie aber reagieren Frauen darauf in einer Gesellschaft, in der die Umsetzung des Urprinzips Aggression den Männern, aber keineswegs ihnen zusteht? Mit Frauen, die es dennoch wagen, ihrer vorwärtsstrebenden Kraft Ausdruck zu verleihen, geht man in der Öffentlichkeit alles andere als zimperlich um. Egal, ob sie als schrill, schräg, dumm oder straftatverdächtig bezeichnet werden: Immer werden sie als Mensch abqualifiziert und als unweiblich ausgemustert. Diese entwertende und zum Teil zutiefst kränkende Behandlung engagierter Frauen wirkt sich nicht gerade ermutigend auf andere aus, sondern erzielt eine abschreckende Wirkung. Viele Frauen würden sich lieber die Zunge abbeißen und in den Erdboden versinken, als ihrer Durchsetzungskraft Ausdruck zu verleihen.

Da es sich aber bei der Aggression um ein Urprinzip handelt, löst sich die Energie nicht einfach in Luft auf. Da, wo beim Mann die blockierte vorwärtsdrängende Energie der Aggression in destruktive Kanäle fließt und durch Gewalt, Kriminalität, Krieg und Zerstörung abgeleitet wird, verstummt die Frau. Sie wird eher dazu neigen, die abgewürgte Energie in Form von psychischer oder physischer Krankheit zum Ausdruck zu bringen. Nur wenige werden gewalttätig, die weibliche Kriminalität beträgt gerade einmal etwa sechs Prozent (Drogendelikte nicht eingerechnet), und was Kriegshandlungen betrifft, sind Frauen kaum vertreten. An

Gewalttaten in kriegerischen Auseinandersetzungen wie Folterungen und ethnischen Säuberungen sind so gut wie überhaupt keine Frauen beteiligt. (Die von Soldatinnen durchgeführten Verhörmethoden in Guantanamo gehören zu den Ausnahmen und bestätigen die Regel.)

Was aber auch heißt, dass sich weibliche Aggression durch andere Kanäle zu entladen versucht. Eine durchaus gängige Praxis, die von Frauen unbewusst gewählt wird, ist die der Opferrolle.[27] Es meint, sich in eine Hilflosigkeit hineinzuspiralen und die eigene Handlungsunfähigkeit zu bejammern. Wer Frauen genau zuhört, wenn sie sich beispielsweise über ihren dominanten Partner beklagen, hört aus ihren Worten das Säbelrasseln heraus. Die Beispiele, die die Untaten des anderen und die eigene Hilflosigkeit illustrieren sollen, werden dann in unzähligen Wiederholungen nochmals und nochmals berichtet, bis der aggressive Funke auf die ZuhörerInnen überspringt und diese sich genervt abwenden. Die eingekapselte Durchsetzungskraft verwandelt sich zu einer Selbst-Zersetzungs-Aktion, deren Fluchtpunkt darin besteht, sich selbst zu bemitleiden oder wenigstens von anderen als Opfer bedauert zu werden. Solche Frauen sagen Sätze wie «Mein Partner *würde* mir niemals erlauben, dass ich einen Kurs ‹Selbstbewusstseinstraining› besuchen kann», «Mein Mann wäre nicht *bereit*, samstags auf ein warmes Mittagessen zu verzichten», «Mein Mann *hätte* niemals zugestimmt, dass ich meine Berufstätigkeit wieder aufnehme».

Aus diesen Äußerungen geht hervor, dass die geführten Angriffe relativ harmlos sind und immer nur im Konjunktiv zur Anwendung kommen. Wahrscheinlich wurde der Versuch, eigene Wünsche umzusetzen, erst gar nicht ernsthaft unternommen, sondern die Unterordnung erfolgte bereits antizipatorisch. Die vorwärtsstrebende Energie wurde also im Anflug ausgebremst, was immer große Frustration bedeutet und unterschwellige Wut auslöst. Die eigene Empörung wird dabei nicht wahrgenommen, sondern in einer reichlich bunt bebilderten, sich stets wiederholenden Erzählung zum Ausdruck gebracht. Frauen, die zu dieser Form neigen, ihre aggressiven Impulse loszuwerden, sind auf der ganzen Linie Verliererinnen. Zum einen werden sie ihre Wut nie los, sie brodelt stets weiter vor sich hin, zum anderen wird ihnen bald niemand mehr zuhören wollen.

Wir können diesen Mechanismus sogar bei Frauen beobachten, die Gewalt ausgesetzt sind. Der Impuls, sich dagegen zu wehren, das Unrecht in die Welt zu schreien oder Hilfe zu holen, ist gebrochen. Es bleibt nur die Flucht in die Opferrolle. Und nicht selten lösen Frauen, die sich als Opfer sehen und dadurch zum Mitleid auffordern, bei den Umstehenden eine Wut aus, die sich dann aber gegen sie selbst richtet. Die nicht gefühlte Wut des «Opfers» springt wie ein unsichtbares Virus auf den Nächsten über und bricht dort aus.

Der indirekte Ausdruck von Wut zeigt sich auch im häufigen Klagen. Schlecht über andere reden, Missgeschicke und Misserfolge anderer weitererzählen, stetes Nörgeln, Meckern, Kritisieren und Miesmachen sind verkappte Äußerungen von Wut und Ärger. Wenn Frauen diese Eigenschaften vorgeworfen werden, besagt das eigentlich nichts anderes, als dass der Wutkanal total verstopft ist.

Beharrliches Schweigen ist gleichfalls ein Anzeichen von stummer Wut, die sich destruktiv auswirkt: Totalverschluss der Kommunikation. Es ist eine der Formen, die Partner und Familienmitglieder, ganz besonders auch Kinder, am härtesten treffen. Wer mit Personen lebt, die ihre Aggressionen durch hartnäckiges Schweigen zum Ausdruck bringen, ist einer Flut von eigenen Emotionen ausgesetzt, die schwer zu schaffen machen. Auch hier springt der unterdrückte Groll auf die anderen über und sorgt dafür, dass ihnen schließlich der Kragen platzt. Auf Aggression beruhendes Schweigen kann daher bei den Angehörigen eine große hilflose Wut auslösen und auch bei sonst durchaus friedfertigen Personen bis hin zu Tätlichkeiten führen.

Ein weiteres Beispiel: Während Zynismus vor allem bei intellektuellen Männern ein beliebtes Stilmittel ist, um aggressive Impulse loszuwerden, greifen Frauen zu kritischen Äußerungen, die andere «heruntermachen». Statt anderen ehrlich die Meinung zu sagen und dazu zu stehen, ist Entwertung eine typisch weibliche, verkappte Aggression. Wenn wir beobachten, wie viele Vorwürfe von Frauen sich gegen Frauen richten, die als wichtigste Aussage die Entwertung beinhalten, so lässt sich allein an dieser Tatsache ablesen, wie viel Aggressionsenergie bei Frauen auf diese indirekte Art verarbeitet werden muss.

Frauen gehen aber noch einen Schritt weiter. Sie entwerten nicht nur andere, sondern auch sich selbst. Viele Frauen haben nicht nur eine schlechte Meinung von anderen Frauen, sondern genauso von sich selbst. «Ich mag Frauen nicht» heißt im Klartext «Ich mag mich nicht». Und das ist eine ernst zu nehmende Katastrophe. Schließlich lebt jede mit sich bis an ihr Lebensende. Und mit sich zusammen zu sein und sich nicht zu mögen, ist eigentlich auf Dauer beinahe nicht auszuhalten. Dies ist ein Nährboden für Depressionen, da die Angriffe nach innen gerichtet werden. Sich nicht zu mögen ist letztlich ein Frontalangriff auf das Selbstwertgefühl, an dessen äußerster Spitze der Selbstmord steht.

Ziehen wir ein erstes Fazit: Wir können mangelndes Selbstbewusstsein als die logische Folge weiblicher Sozialisation verstehen, die für weibliche Aggression keine Entfaltungsmöglichkeiten vorsieht. Frauen, die auf die Urkraft der vorwärtsdrängenden Energie, also auf ihre «Grünkraft» verzichten müssen, sind zahnlos, haben keinen Biss, kein Durchsetzungsvermögen, sind von keiner Kraft durchdrungen, das gesetzte Ziel zu erreichen. Diese Schwächung aber dient durchaus der Erhaltung des Patriarchats. Würden Frauen ihrer vorwärtsdrängenden Kraft folgen, ungeachtet dessen, als unweiblich abgekanzelt zu werden, wären die Herren bald ihre Vormachtstellung los.

Dies würde bedeuten, dass weibliche Intelligenz überall mitmischt und mitbestimmt. In der Wirtschaft würden Frauen zu gleichen Teilen partizipieren – was einer Revolution gleichkäme. In allen verwaltungstechnischen Bereichen würden Frauen dafür sorgen, dass nicht verschwenderisch mit Zeit und Geld umgegangen wird. Frauen würden sich dafür einsetzen, dass der administrative Aufwand zur Erfassung und Verwaltung eines Menschenlebens in einem vernünftigen Rahmen bliebe. An Universitäten würde der Anteil der Professorinnen 50 Prozent ausmachen – was ebenfalls einer radikalen Umstrukturierung gleichkäme und eine Verlagerung der Wissensgebiete und Forschungsprojekte nach sich zöge, dahingehend, dass auch weibliche Interessen voll und ganz mit einbezogen werden. Und schließlich würden Frauen in der Politik dafür sorgen, dass in allen Bereichen, die menschliches Leben auszeichnet, die Sozialverträglichkeit für Frauen, Männer und Kinder gewährleistet ist und die uns anvertrauten Schätze der Erde bewahrt werden.

Das ist letztlich die Aufgabe, die uns gestellt ist. So gesehen ist das Zurückfinden zum eigenen Selbstwert, aus dem sich ein gesundes Selbstbewusstsein entwickelt, nicht nur eine persönliche Luxusbeschäftigung, sondern im weitesten Sinne eine zwingende und hochpolitische Aufgabe für jede Frau. Die Welt ist aus den Fugen geraten. Die Staatskassen sind leer. Die Schätze und Ressourcen dieser Erde sind ausgeplündert. Misswirtschaft gähnt uns entgegen. Männliches Denken ist längst an seine Grenzen gestoßen. Wir leben zwar in einer vaterlosen Gesellschaft, aber der Vater geistert noch immer als oberste, nicht weiter hinterfragte Autorität durch die Köpfe.

Erich Fromm sagte bereits in den achtziger Jahren, die patriarchale Ordnung sei in eine große Krise geraten: «Ein Ordnungssystem, das nicht in der Lage war, zwei Weltkriege in diesem Jahrhundert zu verhindern, hat sich als inkompetent erwiesen.» Es war nicht in der Lage, die schrecklichen Auswüchse von Vertreibung, Folter und Vernichtung von Volksgruppen zu verhindern! Es war nicht in der Lage, verheerende ökologische Schäden aufzuhalten! Es war nicht in der Lage – im Zeitalter der Logistik! – zu verhindern, dass ganze Völker von Hungersnöten ausgerottet werden, während andere im Überfluss beinahe umkommen. Wenn dieses patriarchale Ordnungssystem nicht in der Lage ist, diese verheerenden Zerstörungen zu verhindern, dann hat es versagt und im höchsten nur vorstellbaren Maße seine Inkompetenz bewiesen.

Obwohl die Fakten klar auf dem Tisch liegen, ist es dennoch verwunderlich, dass bewusst oder unbewusst eine kollektive Verteidigung des patriarchalen Ordnungssystems stattfindet und Frauen im Zwielicht der geheimen Komplizenschaft stehen.

Wer schlecht über Frauen redet, fällt nicht auf. Wer männliche Verhaltensweisen kritisch hinterfragt, gilt schnell als männerfeindlich. Wir belächeln religiöse Riten und Zeremonien anderer Religionen und sind schnell dabei, sie als primitiv abzutun. Könnten wir unser männerkultisches, patriarchales System von außen sehen, kämen wir wohl zu einem ganz ähnlichen Urteil.

In diesem frauenentwertenden Klima ein gesundes Selbstbewusstsein zu entwickeln, ist eine große Herausforderung. Unter mangelndem Selbstbewusstsein zu leiden ist aber ein wichtiger Hinweis darauf, dass irgendetwas nicht stimmt. Und es ist zweifellos hilfreicher, statt zu jammern zu analysieren, statt zu resignieren zu reflektieren. Wir müssen das uns zustehende Terrain zurückerobern. Dazu gehört, dass wir versuchen, vollumfänglich zu verstehen, weshalb wir es nicht schon längst getan haben. «Frauen der Gegenwart […] verkennen, daß die bescheidene Verbesserung in der Stellung der Frau, die sie als Selbstverständlichkeit genießen, nicht die Auffassung der Frau als ein Anhängsel des Mannes zur ideologischen Voraussetzung hat, sondern jene einer vielseitig und beziehungsreich im Leben stehenden Persönlichkeit. Sie verkennen, daß die ‹moderne Frau› eine Erscheinung ist, die sich verflüchtigen kann, wenn feministisch nicht weitergekämpft wird», schrieb die Schweizer Juristin und Frauenrechtlerin Iris von Roten bereits in den 1950er Jahren.[28]

Ohne die Anwendung psychologischer Erkenntnisse ist nicht zu begreifen, weshalb das Patriarchat nicht schon längst abgedankt hat und weshalb sich nicht alle Frauen zusammengetan haben, um dieser völlig überrissenen, männlich aufgeblasenen Größenwahnidee die Luft abzulassen. Wir Frauen sind in der Überzahl und hätten alles in der Hand. Ohne aber vom Urprinzip der Aggression Gebrauch zu machen, wird sich nichts verändern können. Es ist nicht möglich, einerseits dem gängigen Bild von Weiblichkeit nacheifern zu wollen und zugleich zu wünschen, dass sich die Frau endlich selbst behauptet sowie Selbstbewusstsein und Selbstsicherheit entwickelt und zu ihrem Recht kommt. Dem herkömmlichen Bild von Weiblichkeit entsprechen zu wollen schließt Selbstbewusstsein geradezu aus. Weiblichkeit unter diesen Vorzeichen ist ein anderes Wort für Vollnarkose.

Psychologie – Die Logik der Psyche

Reflektieren statt ignorieren

Um zu verstehen, weshalb Frauen nicht schon längst den ihnen zustehenden Teil an Macht und Selbstbestimmung zurückerobert haben, lohnt es, etwas Psychologie zu betreiben. Unser Ausgangspunkt ist der Befund, dass es für die meisten, und nicht nur für die Männer, näher liegt, weibliches Verhalten als unlogisch, hysterisch oder gar verrückt abzutun, als sich um die Mitteilung zu kümmern, die noch im vermeintlich Unlogischen enthalten ist.

Ich gehe davon aus, dass jede noch so verkappte Äußerung oder auf den ersten Blick unverständliche Verhaltensweise bei näherem Hinsehen einen logischen Sinn ergibt.

Während meiner zehnjährigen Tätigkeit als Psychotherapeutin im Gefängnis habe ich mich bemüht, Strafdelikte zu entschlüsseln, um die dahinterliegende Aussage zu verstehen. Und stets konnte ich feststellen, dass das Delikt als Ventil diente, um Sprachloses, Verstummtes immer wieder zu erzählen, bildhaft zu inszenieren und in eine Tat umzusetzen. Das heißt in keiner Weise, dass Straftaten durch eine psychologisch begründete Erklärung entschuldbar werden und den Täter von seiner Schuld entlasten. Wenn wir aber Straftaten verhindern wollen, müssen wir verstehen lernen, weshalb ein Mensch eine kriminelle Handlung begeht. Und erst dann haben wir einen Schlüssel und damit eine einzigartige Möglichkeit, prophylaktisch entgegenzuwirken.

Ich glaube an den Menschen – wie auch immer. Ich glaube daran, dass jeder einer ganz bestimmten seelischen Gesetzmäßigkeit folgt. Ich bin davon überzeugt, dass das bei Männern der Fall ist, aber ich bin auch felsenfest davon überzeugt, dass es sich bei Frauen ebenso verhält. Es gibt in meinem Weltbild keine einzige Frau, die ich von der Möglichkeit ausschließe, sie zu verstehen. Es ist vielleicht nicht immer einfach, einen Zugang zu den inneren Beweggründen zu finden, aber manchmal müssen wir uns eben etwas mehr anstrengen.

Ich bin also immer für die Frau. Das bedeutet, wenn eine Frau ein völlig unverständliches Verhalten an den Tag legt, denke ich immer zuerst: Sie hat wohl ihre Motive dafür. Und dann liegt es an mir, die psychologischen Hintergründe zu erforschen.

Es ist interessant, wie viele Menschen dafür keinerlei Bereitschaft zeigen. Wer heute heiter und unbekümmert verkünden würde, nichts von Naturgesetzen zu halten, würde für verrückt erklärt. Wer hingegen psychologische Gesetzmäßigkeiten anzweifelt, hält sich für besonders fortschrittlich – obwohl der Alltag und die eigene Lebensgeschichte stets den Nachweis dafür erbringen, dass es nichts gibt, was präziser arbeitet und reagiert als die Psyche.

Wenn zum Beispiel ein Auto plötzlich nicht mehr weiterfährt, dann gehen wir nicht davon aus, dass es einfach keine Lust mehr hat und deshalb bockt. Wir forschen nach der Ursache. Vielleicht hat es kein Benzin mehr, vielleicht ist der Motor überhitzt, vielleicht ist die Kühlung kaputt. Wenn sich Frauen stark um ihr äußeres Erscheinungsbild kümmern, muss das in keiner Weise heißen, dass sie oberflächlich sind, einen Mann nach dem anderen um den Finger wickeln und auf diese Weise Macht über ihn erlangen wollen. Vielleicht ist dies für sie die einzige Möglichkeit, ihrer Individualität Ausdruck zu verleihen, einen eigenschöpferischen Impuls umzusetzen und auszuleben. Vielleicht ist es auch ein letzter Hilferuf, um zu sagen: «Hallo, ich bin auch noch da.» Kaiserin Elisabeth, Prinzessin Diana,[29] Marilyn Monroe oder Marlene Dietrich als typische Vertreterinnen weiblicher Schönheit und Erotik sowie all die anderen Frauen, die sich durch ihre körperliche Attraktivität in Szene setzen, gehen davon aus, nur dieses eine Pferd im Stall zu haben.

In Kreisen, die sich speziell durch emotionale Magersucht auszeichnen, wird nicht nur die Logik innerer Gesetzmäßigkeiten ignoriert und geleugnet, sondern auch Menschen, die sich damit befassen, konsequent entwertet. Es gehört schon beinahe zum guten Ton, wenn Autoren und Autorinnen, die sich mit psychologischer Lebenshilfe beschäftigen, belächelt und ins Land der seichten Unterhaltung verfrachtet werden. Mich persönlich vermag das nicht mehr zu erschüttern. Ich beobachte mit größtem Interesse, wie mich die gleichen Personen, die meine Bücher und die meiner geschätzten Kolleginnen und Kollegen als triviale Unterhaltungsliteratur bezeichnen, dennoch um Rat fragen, wenn ihnen das Wasser bis zum Hals oder in den Augen steht. Eine sehr begabte und kluge Bekannte rief mich nachts um halb drei Uhr an, um sich von mir über die pechschwarzen Angststunden psychologisch hinweghelfen zu lassen. Nachdem sie mich regelmäßig um diese Zeit aus dem Schlaf riss und mich verzweifelt um Hilfe bat, weil ihr ehelicher Gemahl von einem aushäusigen Abenteuer zum nächsten hüpfte, riet ich ihr, sie könne ja auch in meinem Buch über den Seitensprung[30] einiges Wissenswerte zu diesem Thema nachlesen; denn da stehe alles drin, was ich ihr beim nächtlichen Telefonat wiederholt zu erklären versuchte. Sie antwortete empört: «Du glaubst doch nicht im Ernst, dass ich ein solches ‹Zeug› lese.»

Viele sind bereit, sich durch ein völlig unverständliches und didaktisch verunglücktes Handbuch zu quälen, um den Computer zu bedienen; andere entziffern fragmentarische Montagepläne, um Ikea-Möbel einigermaßen korrekt zusammenzubauen. Wenn es aber um unsere ureigensten Angelegenheiten geht – nämlich wie unsere Seele funktioniert –, dann gehen wir davon aus, dass es sich in etwa so verhält wie bei einem Staubsauger: mit Knopfdruck ein- und ausschalten, und wenn der Staubsack voll ist, auswechseln. Geraten wir in inneren Druck oder gar ins Leiden, geben wir uns immer noch ahnungslos und tun so, als ob es sich um rein zufällige Gefühlseruptionen handelt.

Obwohl sich viele Frauen für psychologische Zusammenhänge interessieren, wenden sie ihr Wissen in der Regel nur dann an, wenn es um andere geht. Sie sind eher bereit, ihre eigenen Verhaltensweisen als dumm und unangemessen zu bewerten und sie möglichst schnell abzutun, als davon auszugehen, dass auch das eigene Verhalten Ausdruck der Befindlichkeit ist und die eigenen Gefühle und Emotionen einer inneren Gesetzmäßigkeit folgen.

In unserer Gesellschaft hat die Logik einen hohen Stellenwert und wird dementsprechend mit männlichem Denken gleichgesetzt. Dies hat zur Folge, dass wir grundsätzlich davon ausgehen, Argumentationen seien bereits deshalb logisch, weil sie eben von Männern vorgebracht werden. Bei Frauen ist das anders. Die Erwartung, dass etwas von Emotionen Durchdrungenes vorgetragen wird, macht Gesprächspartner bereits ungeduldig und misstrauisch, noch bevor eine Frau ihren Beitrag überhaupt zu Ende geführt hat. Obwohl die hochinteressanten Studien von Senta Trömel-Plötz[31] bereits Jahre zurückliegen, sind sie noch immer hochaktuell. Sie belegen: Frauen werden häufiger als Männer unterbrochen. Ihre Beiträge sind kürzer, und sie müssen meist nicht nur um einen Redebeitrag kämpfen, sondern gleichzeitig auch noch darum, in ihren Ausführungen nicht ständig mit Zwischenrufen konfrontiert zu werden. Mit dieser Verteidigungsaktion auf zwei Ebenen gleichzeitig haben sie eigentlich schon genug zu tun. Nun sollen sie aber noch versuchen, ihre Argumente zu ordnen und logisch aufgebaut vorzutragen. Ist ihnen dies auch nur annähernd gelungen, was eigentlich schon ein kleines Meisterwerk ist, werden sie wahrscheinlich mit dem Ergebnis nicht besonders zufrieden sein, wissen sie doch genau, dass sie den größten Teil ihrer Energie dafür einzusetzen hatten, überhaupt das Wort zu ergreifen. Und für die Themen, um die es eigentlich gegangen wäre, blieb dann kaum noch Energie übrig.

Da Logik als Männersache gilt, ist eine Verknüpfung von Logik und Seele beinahe undenkbar. Die Seele hat etwas mit Gefühl zu tun und demnach ist sie weiblich. Dabei täten wir gut daran, das Wort «Psychologie» ernst zu nehmen, das uns darauf aufmerksam macht, dass es offensichtlich so etwas wie eine Logik der Seele gibt, seelische Gesetzmäßigkeiten. Das Wort Psychologie stammt aus dem Griechischen und heißt so viel wie «Seelenkunde», «Lehre von den seelischen Erscheinungen». Der Begriff fasst eine Vielfalt wissenschaftlicher Theorien zusammen, die das menschliche Verhalten und Erleben zu erklären und zu verstehen versuchen.

Männer und Frauen, die mit größter Überzeugung verkünden, von Psychologie grundsätzlich nichts zu halten, könnten genauso gut sagen, die Schwerkraft sei für sie nicht existent. Der Schwerkraft aber ist es völlig egal, was wir über sie denken, sie wirkt so oder so. Viele gehen davon aus, dass sich der Mensch ausschließlich durch Willenskraft steuert. Es ist interessant zu beobachten, dass es sich oft um Menschen mit einem besonders hohen intellektuellen Anspruch handelt, denen die Vorstellung, ebenfalls durch ihnen unbekannte Motive bestimmt und gesteuert zu werden, ungeheuerlich erscheint oder gar Angst macht. Die Logik der Psyche aber auszublenden bedeutet, mit sich selbst nichts zu tun haben zu wollen. Die Psychologie zu ignorieren heißt, seine eigene Seele zu übergehen und die ihr innewohnende Gesetzmäßigkeit als inexistent zu erklären.[32]

Die Geschichte der Psychologie reicht weit zurück. Seit je-her haben sich Menschen darüber Gedanken gemacht, wo-her das menschliche Wesen kommt, wohin es geht und was denn der Sinn des Lebens ist. Am Anfang stand die Religion im Zentrum der Bemühungen, uns selbst und die Welt zu verstehen. Damit verbunden war die Vorstellung, dass so-wohl das Weltgeschehen als auch das individuelle Schick-sal von göttlichen Mächten initiiert und bestimmt werden und nicht durch naturwissenschaftliche Notwendigkeit. Der Mensch sucht nach Orientierung, Wertung und Ordnung. Er gleicht dem Reisenden, der in ein ihm völlig fremdes Land kommt und nun versucht, sich mit den Gesetzen, Tra-ditionen und Usancen vertraut zu machen. Menschen, die sich für eine begrenzte Zeit in einem unbekannten Gebiet aufhalten, sich aber stets darüber im Klaren sind, dass ir-gendwann der Aufenthalt zu Ende geht, bewahren das Ti-cket für die Rückreise in die Heimat sorgfältig auf. Die meisten tragen das Wissen um einen heimatlichen Urgrund in ihrem Unbewussten, und abhängig von dem religiösen Kontext, in dem sie leben, verwenden sie Bilder und Meta-phern, um diesen Urgrund zu vergegenwärtigen.

In der christlichen Kultur kennen wir den Begriff «Kin-der Gottes», was die Vorstellung einer großen Elternschaft weckt. Eine Haltung zum Leben, die sich höheren Mächten ergibt, ist charakterisiert durch Unterordnung. Nicht das gedankliche Verstehen von Zusammenhängen steht dann im Vordergrund, sondern der bloße Glaube.

Für viele war einst die Kirche der Ort, wo sie innerlich Einkehr hielten, ihr Gewissen erforschten, Lösungen schwieriger Lebenssituationen suchten und nach dem Lebenssinn fragten. Die Kirche als Institution hat sich im Lauf von zweitausend Jahren immer weiter von der christlichen Lehre entfernt. Und gerade für viele Frauen ist die Lehre der Kirche nicht nur unverständlich, sondern auch kränkend. Wer sich hier Antworten auf bedrängende Fragen erhofft, wird bald feststellen müssen, dass die hierarchisch-patriarchal orientierte Kirche keine einzige davon zu beantworten vermag und allenfalls noch mehr Rätsel aufgibt.

Wie kommt die katholische Kirche dazu, Frauen aus hohen Kirchenämtern auszuschließen? Was steckt hinter dieser Frauenfeindlichkeit? Gerade aus der feministischen evangelischen Theologie kommen entscheidende Impulse, die dafür sorgen könnten, dass das Christentum nicht allmählich verblasst und schließlich ausstirbt. Aber Frauen mundtot zu machen hat in der Kirche Tradition. Frauen, die sich nicht einschüchtern ließen und ihre Unabhängigkeit von verkündeten Glaubensrichtlinien bewiesen, die sich auf ihre eigenen Erfahrungen beriefen und mutig darüber sprachen, wurden einstmals der Inquisition unterzogen und endeten auf dem Scheiterhaufen. Doch ihre Botschaften haben sich bis zum heutigen Tag erhalten. Das beeindruckende Vermächtnis der Mystikerin Marguerite Porete etwa – «Aus dem Spiegel der einfachen Seelen»[33] – ist ein didaktisches Meisterwerk. Der siebenfache Weg, durch den sie führt, entspricht genauso vielen Phasen des Freiwerdens.

Recht besehen gibt es im Neuen Testament keinen einzigen Hinweis auf den Ausschluss von Frauen. Im Gegenteil: Jesus hatte keine Berührungsängste, wie viele Textstellen belegen. Dennoch wird wie eh und je versucht, die Frau zu verwalten und ihr das Recht auf Selbstbestimmung zu untersagen. So wird auch das Thema Schwangerschaftsabbruch immer wieder neu aufgelegt. Dabei gäbe es interessante Aspekte, doch diese werden möglichst unter Verschluss gehalten. Über die Beseelung des Fötus etwa existieren aus philosophischer und theologischer Sicht unterschiedliche Theorien. Eine davon geht von einem sukzessiven Prozess aus, wonach die Beseelung stufenweise stattfinden soll. Ein Fötus habe zuerst eine pflanzliche Seele, dann eine empfindende tierische Seele, erst nach 40 bzw. 90 Tagen weise er auch eine vernunftbegabte Seele auf. Wenn nach der Befruchtung die Zellteilung in der Gebärmutter beginnt, ist nach dieser Vorstellung in den ersten Wochen noch kein Körperhaus vorhanden, in das eine Seele einziehen könnte. Mit einem Schwangerschaftsabbruch wird lediglich verhindert, dass sich, was erst noch werden muss, entwickelt. In etwa vergleichbar ist das mit dem Bau eines Hauses: Mit dem ersten Spatenstich ist auch noch kein Haus vorhanden, in das man einziehen könnte.

Karl Rahner, einer der bedeutendsten Theologen des 20. Jahrhunderts, sagte dazu: «Auch aus dogmatischen Definitionen der Kirche ist nicht zu entnehmen, daß es gegen den Glauben wäre, wenn man annähme, daß der Sprung in die Geist-Person erst im Lauf der Entwicklung des Embryo geschieht. Kein Theologe wird behaupten, den Nachweis führen zu können, daß Schwangerschaftsunterbrechung in jedem Fall ein Menschenmord ist.»

Dabei hat das Erleben eines Schwangerschaftsabbruchs mit allem Drum und Dran sicherlich noch keine Frau in ihrem Selbstbewusstsein gestärkt. Sie muss all ihre Kraft zusammennehmen, um diese Erfahrung zu verarbeiten. Und auch in späteren Jahren wird das Geschehen sie weiterhin beschäftigen.

Wenn sich Menschen Sinnfragen stellen und diese von den Kirchen nicht ausreichend oder überhaupt nicht beantwortet werden, springt die Psychotherapie in die Bresche. Der Übergang von Seelsorge zu Psychotherapie ist deshalb fließend. Vieles, was heute in der psychotherapeutischen Praxis besprochen wird, fand früher im Beichtstuhl statt. Lediglich die geschlechtsspezifische Zuordnung des Beichtvaters hat sich erledigt. Wie durch die Praxis belegt wird, sind junge, unerfahrene weibliche Psychotherapeutinnen bereits sehr viel erfolgreicher als ihre älteren, erfahrenen männlichen Kollegen. Die Patienten und Patientinnen fühlen sich von ihnen besser verstanden und zeigen dadurch eine viel höhere Bereitschaft, sich mit ihren Problemen wirklich auseinanderzusetzen und Lösungen zu erarbeiten.

Auch das Thema Selbstbewusstsein führt uns sowohl in religiöse als auch psychologische Bereiche. In der Psychologie kennen wir verschiedene Selbst-Konzepte, die aber keine Auskunft über die Konstitution des weiblichen Selbstbewusstseins geben. Selbstbewusstsein heißt ja wörtlich, ein Bewusstsein vom eigenen Selbst zu haben. Sich seiner bewusst zu sein bedeutet, sich als selbst handelnd und bestimmend zu erleben, in seinem Eigenmachtsverständnis und Eigenmachtserleben Möglichkeiten und Grenzen zu erfahren. Darüber hinaus bedeutet es, sich in einer tiefen Verbindung zu einem Urgrund zu erleben, der uns trägt, der uns unsere Wurzeln spüren lässt. Es ist ein Gefühl der Beheimatung in etwas Allumfassendem, viele nennen das Gott. Und es hat zwei Dimensionen: Es ist Vertrauen sowohl in eine transzendente Ordnung als auch in das eigene Leben. Vertrauen in sich selbst setzt Wertschätzung sich selbst gegenüber voraus und mündet in Selbstliebe. Das christliche Gebot der Nächstenliebe ist also viel weniger weit entfernt, als wir meinen könnten. Denn nach dem Wort Jesu ist Nächstenliebe geradezu verschwistert mit der Liebe zu sich selbst: «Liebe deinen Nächsten wie dich selbst», heißt es in der Bibel.

Somit landen wir mit dem Thema Selbstbewusstsein mitten in einer zutiefst religiösen Angelegenheit. Der erste Teil des Satzes, die Aufforderung zur Nächstenliebe, findet durchaus im Alltag Beachtung, selbst wenn es sich oft nur um eine rhetorische Attitüde handelt. Der zweite Teil indessen wird leider kaum ernst genommen oder sogar völlig ausgeblendet. Sich selbst zu lieben hat für viele etwas Anrüchiges und ist direkt beim verschmähten Egoismus angesiedelt. Das macht es schwer, sich mit dieser Aufforderung unbekümmert und konstruktiv auseinanderzusetzen.

Was heißt denn eigentlich «… wie dich selbst»? Liebe wird von Wertschätzung genährt, das wissen wir, wenn wir einen Menschen lieben. Wir können den anderen nicht lieben, ohne sich ihm nicht zugleich mit tief empfundener

Wertschätzung verbunden zu fühlen. Um sich selbst lieben zu können, müssen wir uns selbst Wertschätzung entgegenbringen. Ist das zu viel verlangt? Wir haben dieses Leben geschenkt bekommen. Ist es da nicht die natürlichste Sache der Welt, wenn wir mit diesem kostbaren Geschenk im Bewusstsein umgehen, dass es sich um etwas Wertvolles handelt?

Was hat das Selbst mit mir zu tun?

Die erste Verwirrung beginnt bereits, wenn wir uns in den verschiedenen psychologischen Theorien orientieren wollen, etwa mit den Begriffen «Selbst» und «Ich». Was ist das eine, was das andere? Wo beginnt das Selbst, wo hört das Ich auf und worin besteht der Unterschied? Die christliche Tradition hat noch das Ihrige dazu beigetragen und dafür gesorgt, dass diese Begriffe zu Hüllen geworden sind, die wenig, nichts oder aber alles aussagen können. Die Verwirrung ist komplett und führt dazu, dass es schwierig ist, herauszufinden, was eigentlich damit gemeint ist.

Im christlichen Kontext gilt es grundsätzlich als anrüchig, sich selbst wichtig zu nehmen, die eigene Person in den Mittelpunkt zu stellen. Selbstsüchtig zu sein, sich selbstbezogen zu verhalten ist einer Todsünde gleichgestellt. Und entsprechend wird die gegenteilige Haltung der Selbstlosigkeit hoch gepriesen. Sie gilt als weiblichste aller Tugenden, und nicht jede Frau kann es sich leisten, großzügig auf diese Art von Anerkennung zu verzichten.

Zwar wird die inzwischen veraltete Regel, niemals einen

Brief mit «Ich» zu beginnen, durchaus belächelt. Aber sie sitzt dennoch vielen Menschen in den Knochen. Ich erlebe das immer wieder in Kommunikations- oder Schreibseminaren, wenn die Aufgabe gestellt wird, jeden Satz mit «Ich» zu beginnen, wie schwer sich manche damit tun; beinahe, als ob es darum ginge, sich eines schweren Vergehens schuldig zu machen. Hier wurde im christlichen Kulturraum ganze Arbeit geleistet, die die Selbstaufgabe als etwas höchst Erstrebenswertes postuliert. Das immense Bedürfnis nach Selbstdarstellung, «Ich» und nochmals «Ich» zu sagen, wie es uns heute in den sozialen Medien begegnet, lässt sich vor diesem Hintergrund auch als Gegenschlag begreifen, als eine zwingende Korrektur nach der langen Phase der Selbstvergessenheit, der Selbstlosigkeit und der Geringschätzung des eigenen Ego.

Psychologische Definitionen über den Begriff und die Konzepte des Selbst helfen in dieser Situation kaum weiter.[34] Ich schlage deshalb vor, sich an der Sprache zu orientieren. Ich habe dieses Vorgehen aus der Arbeit des Religionsphilosophen Herman Weidelener[35] übernommen, weil sich damit eine unmittelbare Erfahrbarkeit verbinden lässt. Ich habe in der therapeutischen Arbeit immer wieder feststellen können, dass es theoretische Ansätze gibt, die zwar durchaus einige Gehirnzellen in lustvolle Rotation versetzen, aber das Erleben nicht widerspiegeln und somit von geringem Nutzen sind. Deshalb komme ich immer wieder auf Herman Weidelener zurück, der wie kein anderer die Fähigkeit besaß, psychische Vorgänge aus dem sprachlichen Erleben abzuleiten. Wer sich in eine stille Ecke setzt und einfach das Wort «selbst» in sich kreisen lässt, wird feststellen können, wie es stets um das Abtasten und Sammeln ganz persönlicher Belange herumschwirrt. Wie etwa eine Hummel oder ein Biene Blüten umschwirrt und von allen Seiten umfliegt. Die Selbst-Energie verläuft kreisförmig, immer aber auf den eigenen Mittelpunkt bezogen.

Das Selbst bezieht sich auf das eigene, auf das ganz Persönliche. Vergleichen lässt es sich mit einem Haus mit Garten, das sorgsam gepflegt werden soll. Der Sprache als Wegweiser folgen heißt also, das Selbst als das Persönliche anzuerkennen, was wiederum bedeutet, dass das eigene Wohlergehen, die eigenen Wünsche und Bedürfnisse ernst genommen werden – auch wenn sie nicht immer umgesetzt werden können.

Diese Definition wird einigen Frauen nicht gefallen, vor allem jenen, die es gewohnt sind, ihr eigenes Wohl grundsätzlich in den Hintergrund zu stellen, um demjenigen anderer die oberste Priorität einzuräumen. Dass das auf Dauer nicht gut gehen kann, wird dann deutlich, wenn ein Mensch zugunsten eines anderen auf alles verzichtet, stets um die Wünsche des anderen herumkurvt und danach trachtet, alle Erwartungen und Forderungen möglichst zu erfüllen.

Plötzlich, in der Regel im fortgesetzten Alter, stellen wir fest: Wir sind uns abhandengekommen. Wir besitzen zwar ein Haus, aber wir bewohnen die Hütte daneben. Wir haben uns durch unsere Lebensumstände aus unserem Eigentum vertreiben lassen. Das fühlt sich dann so an, dass wir nicht mehr so genau spüren können, was wir wollen, was uns guttut. Wir haben verlernt, uns ernst zu nehmen, uns um unser

Wohlbefinden zu kümmern, wir haben vergessen, eigene Wünsche zu haben, und als Nebeneffekt bleibt die Lebensfreude auf der Strecke. Frauen neigen stärker zu dieser Misswirtschaft. Sie bestellen fremde Äcker und lassen den eigenen verwildern. Sie kümmern sich nicht um den eigenen Schrebergarten, sondern sind stets damit beschäftigt, in fremden Gärten dafür zu sorgen, dass die Kohlköpfe gut gedeihen.

Im weiblichen Lebensentwurf sind viele Fallen ausgelegt. Während im Matriarchat die Frau hoch geachtet wurde und ihre Fähigkeit, neues Leben aus sich hervorzubringen, als höchster Ausdruck ihres Seins verstanden wurde, verkehrt sich im Patriarchat die Wertigkeit gegen die Frau. Kinder zur Welt zu bringen bedeutet dann vor allem, die für die Pflege des Kindes durchaus sinnvolle Selbstaufgabe zugunsten des heranwachsenden Lebens grundsätzlich auf alle anderen Existenzbereiche zu übertragen und sich dem Mann selbstopfernd zur Verfügung zu stellen. Viele Frauen verlieren in dem Moment, in dem sie Mutter werden, ihren Status, selbständig für sich sorgen zu können, und gleiten in eine Position, in der sie unterstützungsbedürftig werden. Ich habe kürzlich eine Karte mit der Aufschrift erhalten: «Vorsicht, Mutterschaft gefährdet deine Existenz». Meine erste Reaktion war: Die sind wohl übergeschnappt. Aber dann wurde mir klar, dass dieser Satz richtig ist.

Frauen, die in diese Falle geraten sind, haben weder Selbstwert noch Selbstbewusstsein. Im besten Falle pendeln sie zwischen Größenselbst und Minderwert[36] hin und her, die bekannten «Ups and Downs». Auf der einen Seite neigen wir zur größenwahnsinnigen Selbstüberschätzung, dem zwingenden Drang, eigentlich Unmögliches zu leisten. Auf der anderen Seite fallen wir in den Sumpf absoluter Selbstentwertung, in dem wir uns nicht einmal mehr daran erinnern, dass wir noch einen Beruf haben oder eine Fremdsprache beherrschen oder über hervorragende mathematische Fähigkeiten verfügen.

Es ist unsere Aufgabe, unser Selbst stets wie einen kostbaren Schatz zu behandeln. Aus einem Mülltonnenbewusstsein wird uns niemals Selbstbewusstsein erwachsen. Wer sich selbst missachtet, kann keine Achtung vor dem Leben entwickeln. Wer sich selbst nicht liebt, kann andere nicht lieben. Wer keine Achtung sich selbst gegenüber entwickelt, hat weder Achtung vor dem eigenen noch vor einem fremden Leben. Die Franzosen sagen zu Selbstachtung «amour propre», was wörtlich übersetzt auch «reine Liebe» heißt.

Selbstachtung ist die reinste Liebe. Es ist die Liebe zum Schöpfer, zur Schöpfungsintelligenz, sie drückt die Dankbarkeit über das Wunder, über das «Ich bin» aus. Selbstachtung praktizieren ist ein Gebet, ist ein sorgfältiger Umgang mit sich selbst, ist eine Zärtlichkeit mit der eigenen Seele.

Vor diesem Hintergrund betrachtet ist jede Bemühung, sich selbst nicht so wichtig zu nehmen, ein Frevel gegen die Schöpfungsintelligenz. Was so viel heißt wie: Du hast mich zwar erschaffen, aber ich bin mit dem Resultat ganz und gar nicht zufrieden.

«Aber», so höre ich einige argumentieren, «wo kommen wir denn hin, wenn wir uns alle so wichtig nehmen?» Da kann ich nur einfach antworten: «In den Himmel!» Wenn wir uns wichtig genug nähmen, das uns anvertraute Pfund zu mehren, wären wir am Ende unseres Lebens nicht ein abgewirtschaftetes Wrack, sondern gereift und geläutert. Wer sich nicht wichtig nimmt, wird auch andere geringschätzen. Wer für sich Sorge trägt, geht auch sorgsam mit anderen um. Wer den Wert des Lebens an sich selbst begriffen hat, wird den Wert jedes anderen Wesens ebenfalls hoch einschätzen.

Unsere Sprache unterscheidet zwischen «Ich» und «Selbst». Und in der Tat verwaltet das Ich andere Kräfte als das am liebsten in sich ruhende Selbst. Die Ich-Energie strebt immer in die Höhe, lichtwärts. Da genügt es bereits, den Laut «i» stumm einzuatmen, um zu erleben, das sich hier eine Kraft von unten nach oben schiebt. Sie strömt in das Haupt und drängt durch die Schädeldecke hinaus. Die Sprachtherapeutin Rose Menzer[37] verwendet das Bild einer aufwärtsdrängenden Kraft, die sich durch die Wirbelsäule hinaufschiebt, Wirbel für Wirbel aufrichtet, bis sich diese Kraft letztlich befreit und weiter zum Himmel steigt.

Dieses sprachliche Erleben lässt die gegensätzliche Richtung zwischen Selbst und Ich deutlich werden und vor allem die Unterschiede erkennen. Während sich also die Selbst-Energie vorwiegend um die ganz persönlichen Anliegen kümmert, reicht die Ich-Kraft weit über den Kreis des Persönlichen hinaus. Das Ich ist nicht an der Umsetzung persönlicher Bedürfnisse interessiert, sondern stellt sich in den Dienst des allgemeinen Wohls. Es hat somit auch eine sublimierende Komponente, die eigene Wünsche in höhere Ziele transformiert. Bildhaft gesprochen heißt das: Während sich das Selbst um den Schrebergarten kümmert, interessiert sich das Ich für den Weltgarten, sorgt dafür, dass ökologische Bedingungen geschaffen werden, dass der Weltgarten blühen und gedeihen kann. Wir reparieren nicht ständig an unserem eigenen Haus herum, bauen um und an und haben ausschließlich unser persönliches Wohl im Auge, sondern beschäftigen uns gleichermaßen mit den Wohnverhältnissen der anderen Menschen auf dieser Welt.

Die Reihenfolge aber ist klar: Zuerst muss ich selbst bei mir in die Lehre gehen und lernen, das Leben zu schätzen, zu respektieren, zu achten und zu lieben. Und wenn ich den sorgfältigen und liebevollen Umgang mit mir selbst ausreichend erlernt habe, kann ich dies auch auf andere übertragen und mit anderen so umgehen, wie ich es mit mir gewohnt bin. Erst dann erhält das Wort «Selbstaufgabe» einen Sinn. Dann kann ich ein persönliches Bedürfnis zugunsten eines anderen zurückstellen, kann mich ganz zurücknehmen, weil ich nicht mehr Gefahr laufe, mich zu entwerten. Wenn ich aber noch kein Selbst habe: Was um Gottes willen soll dann überhaupt geopfert werden?

Die unheilvolle Allianz

Alle Menschen wollen geliebt werden. Den meisten ist es nicht gleichgültig, was andere über sie denken, sie möchten einen möglichst guten Eindruck machen. Das ist durchaus normal.

Aber nicht wenige sind bereit, einen sehr hohen Preis dafür zu bezahlen und unter Umständen darauf zu verzichten, ihrem wahren Wesen gemäß zu leben und sich selbst treu zu bleiben. Sie tun alles, um einem gewünschten Bild, einer Erwartung zu entsprechen – immer im Hinblick darauf, dafür entsprechend geliebt, wertgeschätzt und geachtet zu werden. In den seltensten Fällen gelingt es, sich zurückzulehnen und zu sagen: «Jetzt habe ich es geschafft! Ich bekomme voll und ganz die Anerkennung, die ich mir wünsche.» Im Gegenteil: Eine Enttäuschung jagt die andere, es ist ein Gefühl, auf einen Berg zu steigen und nie ans Ziel zu gelangen. Mit der Zeit beschleicht einem zudem das ungute Gefühl, gar nicht mehr so genau zu wissen, in welcher Richtung sich denn der Bestimmungsort befinde. Und anstelle einer klaren Wegbeschreibung tritt Orientierungslosigkeit, ein Hin- und Herpendeln, das es erschwert zu sehen, was nun wohl das Richtige ist. Es fühlt sich denn auch so an, als ob es ein wahres und ein falsches Selbst gäbe.

Dies scheint eine geschlechtsspezifische Sackgasse zu sein, in der sich viel mehr Frauen als Männer wiederfinden. Kehren wir nochmals zum Ausgangspunkt, der Geburt, zurück. Das Kind kommt mit allen seinen Anlagen und Fähigkeiten auf diese Welt. Es hat bereits ein Anlageprogramm in sich, das auf Verwirklichung drängt. In einer optimalen familiären Situation wird durch die Bezugspersonen auf die besonderen Eigenschaften des Kindes geantwortet, es erhält Resonanz auf sein eigenes Wesen. Ein Kind erlebt sich zunächst im Spiegel der Beantwortung, und was es widergespiegelt erhält, wird es als zu sich gehörig erleben. Mit der Zeit entwickelt es ein Selbstbild, das aber weitgehend das Bild der nahen Bezugspersonen reflektiert.

Es wäre völlig vermessen, generell von einer bestmöglichen Umgebung für ein Kind sprechen zu wollen. Die elterlichen Personen bringen ihre eigene Vergangenheit mit, die weitgehend das Verhalten in der Gegenwart bestimmt. Somit wird die Spiegelung im besten Falle mangelhaft, im schlechtesten katastrophal ausfallen.

Wenn das Kind nun bestimmte Erwartungen spürt, die es erfüllen sollte, um einem Bild zu entsprechen, wird es mit größter Wahrscheinlichkeit von seinem ursprünglichen wahren Wesenskern abrücken und sich bemühen, so zu werden, wie es von ihm verlangt und erwartet wird; das heißt, es passt sich an.

Der Anpassungsprozess, der sich über mehrere Jahre hinzieht, ist aber geschlechtsspezifisch verschieden. Während dem Jungen viel stärker erlaubt wird, seinen aggressiven Impulsen zu folgen, wird dies beim Mädchen weitgehend unterbunden. Das Kostüm, das sich Jungen wählen können, ist vielfältig, individuell und unterschiedlich, wenn wir beispielsweise an die Möglichkeiten beruflicher Entwicklung denken. Demgegenüber ist die Rolle der Frau noch immer viel enger umgrenzt. Und jene Frauen, welche die Mauern zu sprengen wagen, müssen sich in der Öffentlichkeit einiges gefallen lassen. Dies hält viele junge Mädchen davon ab, es ihnen gleichzutun.

Nicht nur aus der Familie, sondern auch aus der Gesellschaft werden dem Mädchen Rollen vermittelt, die nicht sehr viel Spielraum für die eigene Kreativität lassen. Es muss sich auf einem schmalen Grat bewegen, weil von einer zukünftigen Frau erwartet wird, wie sie zu sein und vor allem, was sie zu lassen hat. Auch wenn Frauen heute die meisten Berufe theoretisch offenstehen, zeigen sich in der Praxis beinahe unüberbrückbare Barrieren, vor allem dann, wenn Kinder vorhanden sind. Allein der Umstand, dass sich junge Frauen vor die Wahl gestellt sehen, zwischen Beruf und Kinderkriegen entscheiden zu müssen, zeigt die Problematik.

Sie führt häufig dazu, dass sich Mädchen bereits sehr früh von ihren vitalen Bereichen verabschieden und ihr wahres Selbst mit einem falschen Selbst der Anpassung überdecken.

Aus diesem falschen Selbst aber kann niemals ein gesundes Selbstbewusstsein entstehen. Selbstbewusstsein entwickelt sich aus einem guten Selbstkontakt, dem Gefühl des Selbstvertrauens zu sich selbst, und genau das kann ein falsches Selbst nicht leisten. Auf ein falsches Selbst ist kein Verlass, es ist wie eine Windfahne, die sich danach richtet, woher Anerkennung und Liebe wehen.

Ein falsches Selbst erkennen wir auch daran, wie stabil wir gegen Kritik sind. Haben wir selbst das Gefühl, etwas gut gemacht zu haben, und nun bricht dieses Gefühl bei der leisesten kritischen Anmerkung zusammen, müssen wir annehmen, dass es sich hier um eine ziemlich wackelige Fassade gehandelt hat. Im falschen Selbst fühlt es sich schwammig und orientierungslos an, wir gondeln herum, mal spült es uns zufällig in eine Größenfantasie hinein, dann wieder in ein abgrundtiefes Gefühl des Unwertes. Auf der einen Seite halten wir uns für einmalig und perfekt, und beinahe zeitgleich empfinden wir das Gegenteil.

Im falschen Selbst gibt es kein Zuhause. Es gibt nur eine stete Sehnsucht, die nie zu stillen ist. Im falschen Selbst leiden wir unter ständigem Heimweh, das wir über weitere völlig überrissene Forderungen an uns selbst zu überwinden suchen. Wenn wir zum Beispiel nach einem Körperideal trachten – die meisten Frauen wissen sofort, was das ist: das ständige Bemühen um einen perfekten Körper, um Schönheit und körperliche Makellosigkeit –, sind wir auf der Suche nach uns selbst. Das Drama dieser Suche ist vielen bekannt: Wir können uns noch so abmühen, aber das Ziel erreichen wir nie. Die Idealisierung des Körpers ist ein Ausdruck dafür, dass im Körper keine Heimat erlebt wird. Der Leib, der als materielle Fassung, als Gefäß für das Wesen des Geistes und der Seele dienen sollte, wird zum eigentlichen Anbetungsobjekt und ist damit seiner ursprünglichen Aufgabe enthoben.

Frauen, die nach Schönheit und nach äußerer Attraktivität streben, kennen das Gefühl, nie an ein Ziel zu gelangen. Wir können noch so schön, so schlank, so attraktiv sein, aber zufrieden sind wir nie. Und sollte sich kurzfristig ein Gefühl von Selbstgefallen einstellen, sind wir sofort bereit, es als Selbstbewusstsein und Selbstsicherheit zu verbuchen. Es genügt aber eine leise Bemängelung, ein fragender Blick – und alles fällt in sich zusammen oder wird allenfalls lässig überspielt.

Wie aber wissen wir, was das wahre Selbst ist? Vielleicht ist es dir inzwischen gelungen, die innere Ofenbank aufzuspüren, wie ich im Kapitel *Misstrauen verabschieden* vorgeschlagen hatte. Und du hast bereits erste Erfahrungen gemacht, wie verdammt gut es sich anfühlt, bei sich anzukommen und bei sich heimisch zu werden. Mit sich zufrieden sein, einverstanden mit sich sein, ein Gefühl eines stabilen, kontinuierlichen Selbst-Erlebens, das sich in sich selbst orientiert, belebt ein ganz stilles Glücksempfinden. Es ist ein tiefes Einverständnis mit dem eigenen, wahren Wesenskern, das sich als ganzheitliches Wohlgefühl äußert. Es ist ein Kontaktaufnehmen mit seinem inneren Kind; ein Kind, das sich frei und ungezwungen fühlt und Zugang zu allen seinen Sinneseindrücken und Erlebnissen hat, ob es lacht oder weint, witzig und heiter oder zurückhaltend und nachdenklich ist, ob es forsch etwas anpackt oder zaghaft und vorsichtig ist, ob es wütend und zornig oder versöhnlich reagiert. Es entsteht das Gefühl: Alles ist gut. Einfach alles darf sein, was zum menschlichen Leben gehört, zu dieser breit angelegten Palette menschlichen Verhaltens.

Das wahre Selbst ist also der eigentliche individuelle und ganz persönliche Wesenskern jedes Einzelnen. Wenn der Mensch die Möglichkeit erhält, seinem wahren Selbst die Treue zu halten, wird sich dieses Grundpotenzial zwar individuell entwickeln und entfalten, wird aber stets einen direkten Kontakt zu seinem inneren Gewissen halten und sich niemals zerstörerisch gegen andere oder gegen sich selbst richten. Davon geht Carl R. Rogers,[38] einer der bedeutendsten Vertreter humanwissenschaftlicher Konzepte und Begründer der personenzentrierten Gesprächspsychotherapie, aus. Wird ein Mensch gewalttätig, so ist dies bereits Ausdruck dafür, dass er sich weitgehend abhandengekommen ist. Ich meine dies selbstverständlich nicht im entschuldigenden Sinne. Wir sind für alles verantwortlich, was durch unser Handeln ausgelöst wird. Also auch dafür, dass wir von unserem wahren Wesenskern abrücken und nichts dagegen unternehmen, um wieder in Kontakt mit uns selbst zu gelangen.

Freuds Doppelfehler

Werfen wir noch einen kurzen Blick auf die Zeit, in der sich die moderne Psychologie zu etablieren begann. Obwohl sich Sigmund Freud (1856–1939) vorwiegend mit Patienten beschäftigte, die unter schweren psychischen Störungen litten, haben seine Forschungsergebnisse Grundsätzliches über die Psyche des Menschen zutage gefördert. Inzwischen haben wir neue Erkenntnisse dazugewonnen, und es werden zweifellos noch weitere folgen. Die verschiedenen Schulen spiegeln durch ihre Systeme und Theorien auch die typischen gesellschaftlichen Probleme der jeweiligen Zeit.

Wenn ich mich hier auf die drei Grundpfeiler der Psychoanalyse von Sigmund Freud stütze – Unbewusstes, Übertragung und Widerstand –, so nicht deshalb, weil ich anderen Theorien weniger Bedeutung beimesse oder weil ich den Begründer als nicht zu hinterfragende oberste Autorität sehe. Im Gegenteil: Freud hat zwei schwerwiegende Fehler begangen, nur dass sie zu seiner Zeit kaum jemandem aufgefallen sind.[39]

Fehler Nummer eins: Er entwickelte eine Theorie, die vom männlichen Wesen als Maß aller Dinge ausging. Die geschlechtsspezifische Situation der Frau berücksichtigte er in keiner Weise. Ihre Verhaltensweisen wurden an denjenigen der Männer gemessen, typische weibliche Verschiedenheiten wurden als untypisch für das menschliche Wesen gedeutet und pathologisiert. Dies hat zweifellos mit dazu beigetragen, dass die weibliche Psyche grundsätzlich als defekt betrachtet wurde. Der wunderbare Begriff «Hysterie» hat schließlich dafür gesorgt, dass sämtliche Verhaltensweisen, die Männer nicht verstehen und begreifen konnten, als hysterische Symptome gedeutet wurden. Die Tragödien, die sich hinter derartigen Diagnosen abspielten, wollte lange Zeit keiner wahrnehmen. Luise Pusch[40] hat Frauenbiografien untersucht und in eindrücklicher Weise dargestellt, was mit Frauen geschah, wenn sie mit den ihnen zugeteilten Rollen nicht zurechtkamen. Sigmund Freud entwarf eine psychologische Theorie, welche die typisch weiblichen Verhaltensweisen nicht mit einbezieht und, falls doch, sie als Ausdruck einer Störung abhandelte.

Ein gutes Beispiel dafür ist der von Freud stammende Begriff «Penisneid», und Freud meint tatsächlich damit, was das Wort besagt. Irgendwann stelle das Mädchen in seiner Entwicklung entsetzt fest, dass ihm etwas fehle. Da, wo der Junge etwas habe, da habe das Mädchen nichts. Dies ist natürlich eine typische männliche Sichtweise und belegt die Vorstellung, den männlichen Körper als Ausgangspunkt für menschliches Leben zu betrachten, aus dem sich alles andere als abartig ableitet. Es könnte genauso gut umgekehrt gedeutet werden. Gehen wir von der Frau als Grundmodell aus, so könnten wir sagen: Der Junge ist nicht ganz in Ordnung, weil er da, wo der Mensch ebenmäßig wohlgeformt ist, Gewebeverdickungen und Wucherungen aufweist, die zweifellos nicht dorthin gehören.

Als ich zum ersten Mal während meines Psychologiestudiums vom sogenannten Penisneid hörte, verstand ich zwar, was damit gemeint war, und suchte mit gewissenhafter Bemühung in meiner Psyche nach etwas Derartigem. Da ich aber auch nach intensivem Forschen nichts finden konnte, nahm ich einfach an, mit mir stimme etwas nicht, und eilte sofort in eine Psychotherapie, um mir von einem männlichen Psychotherapeuten helfen zu lassen – der gerne dazu bereit war.

Der zweite Fehler Sigmund Freuds hatte ebenfalls verheerende Auswirkungen. Es lag durchaus im Trend der Zeit, die weibliche Intelligenz geringer als die männliche einzuschätzen – was auch mit einem kleineren Gehirnvolumen untermauert wurde. Überspitzt gesagt: Der Frau wurde allenfalls attestiert, ein Kochrezept lesen oder ein Strickmuster befolgen zu können. Sigmund Freud machte daraus eine psychologische Theorie, in der die Frau gegenüber dem Mann als minderwertig gilt. Auch die ältere Frau erfuhr von Freud eine massive Entwertung: «Es ist bekannt, dass die Frauen, nachdem sie ihre Genitalfunktion aufgegeben haben, ihren Charakter in eigentümlicher Weise verändern. Sie werden zänkisch, quälerisch, rechthaberisch, kleinlich und geizig», stellt er unumwunden fest. Trotz seiner Geringschätzung der weiblichen Intelligenz übernahm Freud wie selbstverständlich Forschungsergebnisse aus Analysen mit Kindern, die von seinen Schülerinnen erarbeitet wurden, und vertrat sie nach außen als seine eigenen.

Dennoch wäre es ein großer Fehler, deshalb die gesamte Theorie Freuds zu verwerfen. Denn Freuds Erkenntnisse können uns einen Schlüssel für das Begreifen unbewusster Einflüsse liefern und ermöglichen uns ein umfassendes Verständnis der meisten psychischen Prozesse. So ausgerüstet wird es uns zweifellos besser gelingen, Zugang zu unserer Psyche zu finden, eigene Verhaltensweisen und die anderer Frauen als logische Folge begreifen zu lernen und unsere Gefühle und Emotionen als innere Gesetzmäßigkeiten zu verstehen. Dadurch werden wir in die Lage versetzt, mangelndes Selbstbewusstsein von seiner psychologischen Entstehungsgeschichte her zu analysieren. Und dies ist der allererste Schritt, um gezielt die Weichen so zu stellen, dass wir Zugang zu unserer inneren Kraftquelle erhalten, die der Mittelpunkt für Selbstbewusstsein, Selbstsicherheit und Selbstbehauptung ist.

Das Unbewusste weiß mehr über mich

Manchmal versuchen wir, die Rechnung ohne den Wirt zu machen, und sind dann erstaunt, dass etwas nicht so funktioniert, wie wir es gerne hätten. Das Unbewusste mischt aber auf alle Fälle gewaltig mit, und immer wenn wir Reaktionen oder Verhaltensweisen nicht verstehen können, weil sie uns völlig falsch oder unerwünscht erscheinen, ist es lohnenswert, sich zu fragen, ob sich hier vielleicht eine Stimme aus dem unbewussten Bereich meldet. Je mehr wir unser Unbewusstes erforschen und darauf achten lernen, was es uns mitteilen will, umso besser können wir mit uns und unserem Leben umgehen. Wer mehr über sich weiß, kommt besser mit sich klar – und mit anderen ebenso.

Das Unbewusste steht für jene Inhalte, die zwar in der menschlichen Psyche gespeichert sind, aber bewusst nicht oder nur schwer zugänglich sind. Diese Einrichtung ist zweifellos ein genialer Schöpfungsstreich, der letztlich die menschliche Existenz überhaupt erst ermöglicht. Das Unbewusste bietet Schutz, sodass sich der Mensch nicht ständig neu mit Erfahrenem und Erlebtem, das ihm besonders an die Nieren ging, auseinandersetzen muss. Schließlich gibt es Erlebnisse, die derart schrecklich sind, dass wir sie am besten «vergessen», ja «vergessen» *müssen*, um überhaupt weiterleben zu können. Dieses Vergessen bedeutet aber nichts anderes, als sie im Unbewussten einzulagern – und das gilt sowohl für Erlebnisse aus der Kindheit als auch im Erwachsenenalter. Vielen Kindern wäre ein Überleben ohne diesen Hilfsmechanismus überhaupt nicht möglich, wenn ihnen zum Beispiel täglich neu bewusst würde, in ihrer Familie unerwünscht oder gar abgelehnt zu sein. Gewaltszenen in der Familie müssen sie «vergessen» können. Diese Eindrücke und die damit erlebten Emotionen werden im Unbewussten versenkt.

Eine Freundin, die bei der Caritas vertriebene Frauen aus Kriegsgebieten über ihre Vergangenheit befragen muss, erzählte mir von ihren Erfahrungen. Obwohl bekannt ist, dass Massenvergewaltigungen zur Kriegsstrategie gehörten, erzählen nur wenige Frauen von diesen Gräueltaten. Sie berichten davon, ohnmächtig geworden zu sein, als die Männer in ihre Häuser eindrangen, und dass sie erst später, als die Männer wieder weg waren, zu sich kamen. An das, was geschah, können sie sich nicht mehr erinnern. Hier wird die Schutzfunktion des Unbewussten deutlich. Würden sich diese Frauen an die Gewalttat erinnern, könnten sie nicht mehr weiterleben, jegliche Grundlage wäre ihnen entzogen. Vergewaltigte Frauen werden in patriarchal strukturierten Kulturen von den Ehemännern häufig verstoßen, und auch die Familie will in vielen Fällen nichts mehr von ihnen wissen. Durch die Vergewaltigung ist die Frau mitsamt der ganzen Familie entehrt. (»Eine anständige Frau wird sich lieber umbringen als entehren lassen.«) Was kann also eine solche Frau tun, außer zu vergessen? Und auch die Familienmitglieder, die ja häufig genug dazu gezwungen wurden, der Vergewaltigung zuzusehen, verdrängen dieses Erlebnis ins Unbewusste.

Das Unbewusste lässt sich mit einer Tiefkühltruhe vergleichen, in die verschiedene Produkte eingelagert werden. Durch den Akt der Abschiebung, Erinnerungen aus dem Fokus des Bewusstseins zu verdrängen, erfolgt zunächst eine sichtliche Abkühlung der Emotionen. Je weiter weg die Erinnerung geschoben wird, desto kühler wird es, bis eine Temperatursenkung unter den Gefrierpunkt erreicht ist und eine Stagnation des emotionalen Erlebens eintritt. Das derart tiefgekühlte Emotionspaket ist zwar vorhanden, aber es sendet zunächst keinerlei Störsignale aus, auch wird sich der tiefgefrorene Gefühlskomplex durch keinerlei Gärungs- und Fäulnisprozesse bemerkbar machen. Deshalb ist es möglich, dass Jahre oder gar Jahrzehnte später das einst Erfahrene – durch neue Ereignisse und psychische Erschütterungen belebt – emotional vollkommen getreu wieder erlebt werden kann.

Das vorübergehende emotionale Stillhalten hat jedoch seinen Preis. Die Arbeit, die geleistet werden muss, besteht nämlich darin, die Tiefkühltruhe stets mit ausreichender psychischer Energie zu versorgen, um den Gefrierpunkt zu halten, damit die Erlebnisinhalte nicht aufzutauen beginnen. Dies bedeutet, dass zusätzlich zur alltäglichen Lebensbewältigung ein enormer Energieaufwand betrieben werden muss. Wird aber durch ein aktuelles, schwerwiegendes Ereignis oder eine Krisensituation diese Energie anderweitig benötigt, etwa um tief greifende Erschütterungen durchzustehen, ist nicht mehr ausreichend Kraft zur Kühlung der Tiefkühltruhe vorhanden und die eingelagerten Emotionen beginnen aufzutauen. Diese werden sich zu der bereits belastenden aktuellen Situation addieren und dafür sorgen, dass es zu einer Gefühlsüberflutung kommt. Meist kann die daraus resultierende heftige Gemütsbewegung, die vielleicht weit über den aktuellen Anlass hinausschießt, nicht eingeordnet werden. Wir verstehen uns selbst nicht mehr und erklären es womöglich so: «Ich bin einfach innerlich total aufgeweicht.» Und mit dieser Formulierung liegen wir durchaus richtig.

Das Unbewusste ist also eine Schutzvorrichtung, die das menschliche Wesen davor bewahrt, unangenehme, bedrohliche, angstmachende Erfahrungen als ständig die Gegenwart überschattende Erinnerung in sich zu tragen. Zugleich aber sorgt es dafür, dass derart Abgelagertes aufgehoben wird und nicht ganz in Vergessenheit gerät, schließlich beinhaltet es wichtige biografische Daten, Stationen der Entwicklung und womöglich sogar Zukünftiges. Stets bleiben wir mit unserer Geschichte, mit allem, was wir erlebt, erfahren und erlitten haben, auf unbewusste Weise verbunden und können davon ausgehen, dass viele unserer Motive, Wünsche und Verhaltensweisen aus diesen unbewussten Gefilden stammen. Zudem steht die Möglichkeit für eine spätere Bearbeitung und Lösung offen, und zwar dann, wenn wir seelisch so weit gereift und gestärkt sind, dass wir uns einer solchen Aufarbeitung stellen können.

In therapeutischen Prozessen wird immer wieder sichtbar, wie sich der Zeitpunkt der Konfrontation und der Verarbeitung präzis mit der inneren, durch Reife erlangten Bereitschaft, sich einem Problem zu stellen, korrespondiert. Deshalb muten «Kaiserschnitt-Therapien», die mit ausgefeilten Interventionen versuchen, das Unbewusste aufzubrechen und ans Licht zu zerren, zwar im ersten Moment sehr dramatisch an und vermitteln den Eindruck, als habe sich ungeheuerlich viel bewegt. Langfristig aber bleiben diese gewaltsamen Methoden eher wirkungslos. Alles hat seine Zeit.

Das Verhältnis der Anteile von Bewusstem zu Unbewusstem ist ungefähr eins zu sieben. Ein Siebtel des Eisbergs ragt aus dem Meer, während sechs Siebtel unter dem Meeresspiegel verborgen bleiben. Das Unbewusste wird sich stets darum bemühen, sein tiefes Wissen auf irgendeine Weise mitzuteilen, um schmerzliche Erlebnisse aufzuarbeiten und schließlich zu erledigen, damit die ganze Energie auf die Lebensgestaltung ausgerichtet werden kann. Freud hat als Erster gezeigt, wie zuverlässig das Unbewusste alles aufzeichnet, über Jahre und Jahrzehnte unversehrt aufbewahrt und durch die Psychoanalyse wieder aus der Versenkung ins Bewusstsein gebracht werden kann.

Dazu gehört selbstverständlich auch die Mitteilung der Träume. Sigmund Freud spricht in «Die Traumdeutung» sogar vom «Königsweg» des Unbewussten. So können uns Träume immer wieder daran erinnern, dass sich gewisse ungelöste Themen noch in der Tiefkühltruhe befinden und sich auf diese Weise zu Wort melden. Manchmal ist es wichtig, die Aussage, die in einem Traum verschlüsselt ist, zu verstehen, um sich entweder einem alten Problem zu stellen oder sich mit einer akut anstehenden schwierigen Situation zu beschäftigen und dadurch neue Impulse und Perspektiven zu gewinnen. Manchmal genügt allein die bildhafte Darstellung durch ein Traumgeschehen, um sich von einem Überdruck zu befreien, selbst wenn wir uns dann im Tagesbewusstsein nicht weiter mit der Aussage beschäftigen.

Da im Unbewussten alle Daten gespeichert werden, ist es auch nicht verwunderlich, dass gerade in Träumen das zukünftige Entwicklungsthema angekündigt wird. Das hat nichts mit übersinnlicher Prophetie oder Zukunftsweissagung zu tun, sondern allein damit, dass das Unbewusste viel früher seismographisch die feinsten Warnzeichen aufnimmt, speichert, sie zu einer Lösung verarbeitet und via Traum Hinweise sendet. Werden diese Signale nicht verstanden, zeigen sie sich oft in der Wiederholung oder in neuen Verschlüsselungen.

Es gibt zweifellos Lebenssituationen, in denen es uns unmöglich scheint, die Botschaft aus dem Unbewussten als Hinweis für eine anstehende Veränderung zu begreifen. Ich habe in Therapien oft erlebt, wie beispielsweise eine Ehescheidung bereits Jahre vor einem bewusst erlebten Konflikt in der Partnerschaft in Träumen zum Ausdruck kam. Schließlich habe ich selbst mehrmals davon geträumt, dass das Haus, in welchem ich mit meiner Familie wohnte, abbrennt, vom Sturm zerstört wird oder einfach wie ein Kartenhaus in sich zusammensackt. Ich konnte mich jedes Mal mit meinen Kindern noch im letzten Moment aus den Trümmern retten. Dies war zu einem Zeitpunkt, als ich meine Ehe für glücklich hielt. Mein damaliger Mann und ich studierten in dieser Zeit Psychologie, waren an der Traumdeutung sehr interessiert und interpretierten an jenen Träumen emsig herum, die ich alle aufgeschrieben hatte, ohne nur im Entferntesten auf die einfachste Aussage zu stoßen: Unsere Beziehung war im Begriff auseinanderzukrachen und lagerte längst im Unbewussten oder besser ausgedrückt, im Vorbewussten. Diesen Hinweis hätte ich zum damaligen Zeitpunkt wohl kaum verkraftet. Im Gegenteil, ich war damit beschäftigt, die unguten Zeichen möglichst unbeachtet zu lassen.

Die negativen oder gar die Existenz bedrohenden Hinweise sind selbstverständlich besonders schwer anzunehmen. Und so können wir auch sich stets wiederholende Themen in Träumen als sanfte, vorbereitende Einstimmung darauf zu verstehen lernen, was sich als nächster Entwicklungsschritt ankündigt.

Die meisten Traumbilder sprechen in einer Symbolsprache, und es ist eher selten, dass wir sie einfach eins zu eins in unser Leben übersetzen können. So kann uns ein Traum über den eigenen Tod oder den eines nahestehenden Menschen in allergrößte Alarmbereitschaft und Panik versetzen. Deshalb ist es in der Bearbeitung wichtig, immer nach der verschlüsselten Aussage zu fragen. Träume, in denen ein Mensch stirbt, deuten meist auf das Beenden einer Lebensaufgabe oder -phase hin, und der Verstorbene steht lediglich für ganz bestimmte Themen oder einen Lebensabschnitt.

Jene Träume, die in ihrer Aussage nicht mehr aufgeschlüsselt werden, fühlen sich in der Regel auch anders an, denn sie können mühelos in das eigene Leben eingeblendet werden. Meist haben sie einen Aufforderungscharakter, etwas zu verändern. Kurz nach meiner Scheidung, die mich sehr mitgenommen hatte, wurde ich von einem Traum überrascht. In meinem realen Leben überlegte ich mir nächtelang, wie ich die Aufgabe, zwei Kinder großzuziehen, mit meiner psychotherapeutischen Berufstätigkeit vereinbaren könnte. Meine finanzielle Lage war, wie die der meisten geschiedenen Frauen, katastrophal. Dann träumte ich, ich hätte den Auftrag bekommen, eine Frauenschule für Psychologie zu gründen. Obwohl ich keine Ahnung hatte, wie eine Schule zu gründen ist, sprang ich am Morgen aus dem Bett und begann, das Projekt «Frauenseminar» auszuarbeiten und später eine richtige Schule auf die Beine zu stellen. Gott sei Dank erhielt ich dann noch weitere Hinweise, was die Umsetzung betraf. Zu diesem Zeitpunkt arbeitete ich nämlich noch als Teilzeitkraft in der Bewährungshilfe und führte zudem eine zeitlich sehr aufwendige psychotherapeutische Praxis. Eine Schule zu gründen ist keine lockere Freizeitbeschäftigung, und hätte es nicht noch weitere Traum-Hinweise gegeben, wie so etwas in die Tat umzusetzen ist, hätte ich es wohl kaum geschafft. Ich träumte von einbeinigen Menschen, die mit größter Energie und unermüdlichem Bemühen versuchten, schwierigsten Aufgaben gerecht zu werden, die aber nur auf zwei Beinen zu bewältigen sind. Der Traum wiederholte sich. Zunächst verstand ich die Botschaft nicht, obwohl ich mir natürlich darüber Gedanken machte. Dann kam mir der Alltag zu Hilfe. Als ich eines Tages an einer Teambesprechung teilnahm, sagte ein Kollege zu mir: «Ich finde es schön, dass du wenigstens noch mit einem Bein bei uns arbeitest.» Ich stutzte. Das Thema kam mir irgendwie bekannt vor. «Sag das bitte nochmal», bat ich ihn. Er wiederholte es, und dabei stellten sich sofort die Traumbilder der einbeinigen Menschen ein. Hinterher fuhr ich sofort nach Hause und schrieb die Kündigung. Ich wusste: Ich muss auf beiden Beinen stehen, um eine Schule gründen zu können. Obwohl ich durch die Kündigung meine einzige feste Einkommensquelle verlor, zögerte ich keinen Moment, diesen Schritt zu unternehmen. Selbstverständlich hielten mich meine Freunde für verrückt und rieten mir dringendst von diesem waghalsigen Projekt ab. Es fühlte sich aber absolut richtig an und ich vertraute mir. Später bestätigte sich mein Gefühl.

Die Funktion des Unbewussten ist vielfältig. Das Unbewusste arbeitet äußerst exakt, zeichnet alles auf, auch was

dem Bewussten nicht zugänglich ist, und speichert es gewissenhaft. Es lässt sich vielleicht kurzfristig etwas manipu-
lieren, aber auf Dauer wird es immer die eigene Geschichte
bewahren. Es ist der zuverlässigste Partner, den wir haben,
deshalb sollten wir einen freundschaftlichen Umgang mit
ihm pflegen.

Die Hintergründe mangelnden Selbstbewusstseins zu erforschen, führt direkt zur Funktion des Unbewussten sowie
seiner Ausdrucksformen. Wenn wir darüber Bescheid wissen, erfahren wir, was sich hinter den Kulissen abspielt und
sind in der Lage, das auf der Bühne Dargestellte zu beeinflussen und zu verändern.

Wenn wir nun davon ausgehen, dass in unserem Unbewussten ein tiefes Wissen um unsere weiblichen Werte ruht,
das aber stets narkotisiert werden muss, um an der Realität
nicht einfach zu verzweifeln, dann wird klar, was für eine
ungeheure Arbeit geleistet werden muss, um die Signale, die
unser Unbewusstes sendet, zu überhören.

Zugleich demonstriert es in eindrücklicher Weise, welche
Virtuosität und Überlebenskünste Frauen entwickeln müssen, um mit ihren schizophrenisierenden Verhältnissen
umzugehen ohne durchzudrehen.

Übertragung – «Déjà vu»

Der zweite Schlüsselbegriff Freuds ist *Übertragung*. In der
Psychoanalyse wird davon ausgegangen, dass der Klient
oder die Klientin frühere Beziehungserfahrungen, seien sie
nun positiv oder negativ, durch die vertrauensvolle Bezie-

hung auf den Therapeuten oder die Therapeutin überträgt. Und weil Therapeutinnen in der Regel darin geschult sind, weder auf negative noch positive Gefühlsäußerungen der Klienten mit persönlicher Betroffenheit zu reagieren, wird ein präzises Analysieren der Affekte und Emotionen möglich. So lernen diese Personen über ihre Gefühlsäußerungen, die durch die Beziehung zum Therapeuten entstehen, ihre eigene Geschichte kennen, vor allem erhalten sie Einblick in das emotionale Beziehungsmuster zu Eltern, Geschwistern und anderen nahen Bezugspersonen. Ebenso wird ein Überblick über das gesamte Beziehungsnetz der Vergangenheit möglich, zusammen mit den verschiedensten Gefühlen, die in Beziehungen erlebt worden sind.

Dieser Prozess findet aber nicht nur im psychoanalytischen Behandlungszimmer statt. Auch im Alltag macht die Übertragung einen wesentlichen Teil unseres Erlebens aus. Was wir in unserer Kindheit erfahren, wird weitgehend unsere Wahrnehmung bestimmen. Haben wir zum Beispiel eine unzuverlässige Umwelt erlebt, also vor allem Bezugspersonen, auf die kein Verlass war, ist es möglich, dass uns diese Erfahrung ein Leben lang begleitet und wir sie auf andere Situationen und Menschen übertragen. Mit den in unserer Kindheit gemachten ersten Erfahrungen erwerben wir eine besonders gefärbte Brille und sehen die gesamte Welt zukünftig durch sie. Wir haben eine Vorstellung, wie unsere Mitmenschen sind, wir haben ein fest installiertes Weltbild und sind oft von dieser Sicht nicht mehr abzubringen.[41] Jemand, der seine ersten Erfahrungen mit unzuverlässigen Menschen gemacht hat, wird später mit einem untrüglichen

Spürsinn bei anderen sofort jene Stellen entdecken, die sein Weltbild bestätigen. Unbewusst wird er immer wieder in Beziehungen geraten, in denen genau diese ersten Erfahrungen bestätigt werden, und er wird sich vorwiegend auf Menschen einlassen, die alle entsprechenden sichtbaren oder unsichtbaren Anzeichen für seine Einschränkung mitbringen.

Dies mag im ersten Moment unlogisch erscheinen, sollte man doch annehmen, dass ungute Erfahrungen möglichst gemieden werden. Doch verkennt diese gut gemeinte, aber naive Ansicht von unseren Wünschen nicht die tief greifende Ambivalenz, die in diesen seelischen Dingen herrscht. Zum einen meiden wir natürlich schlechte Erfahrungen oder versuchen es wenigstens, zum anderen aber zieht es uns magnetisch dorthin, wo sich eine bekannte Szenerie, eine bekannte Dramaturgie ergibt. Letztlich ist stets ein unbewusster, tiefer Wunsch vorhanden, eine Lösung oder gar eine Heilung von Kränkungen und Verletzungen zu finden, und dies kann sich nur vollziehen, wenn die Situation ähnliche Gefühle wie in der ursprünglichen Erfahrung hervorruft.

Die Übertragung findet nach subjektiven Kriterien statt. Allein schon die unterschiedlichen Aussagen, wenn mehrere Menschen über ein und dasselbe Ereignis berichten, sollten einen stutzig machen. Der eine wird einen harmonischen Ablauf schildern, der andere totales Chaos. In der Beurteilung von Menschen ist es ebenso. Die einen erleben jemanden als friedfertig, andere beurteilen die gleiche Person als provozierend und aggressiv. Es kommt auf die Brille an, durch die wir blicken. Und die Optik dazu wurde durch unsere frühen Erfahrungen eingestellt.

Gerade in der Aufschlüsselung mangelnden Selbstbewusstseins kann die Perspektive einer möglichen Übertragung sehr hilfreich sein, um besser verstehen zu lernen, weshalb uns in bestimmten Situationen und bei ganz bestimmten Menschen unsere Selbstsicherheit abhandenkommt.

Virginia Satir,[42] die große alte Dame der Psychologie, die sich intensiv und sehr erfolgreich mit Familientherapie beschäftigte, empfiehlt: «Um die Welt eines Kindes verstehen zu können, sollten wir uns die Mühe machen, wenigstens auf die Knie zu gehen und aus dieser Von-unten-nach-oben-Perspektive nachzuempfinden, wie sich ein Kind fühlt.»

Wir alle waren als Kind der Erwachsenenwelt ausgeliefert und hatten keine Möglichkeit, gezielt einzugreifen, um etwas zu verändern. Waren nun unsere Erfahrungen mit der Welt der Erwachsenen von Gefühlen der Angst und Hilflosigkeit geprägt, ist es durchaus möglich, dass sich in einer bestimmten Konstellation die gleichen Gefühle wieder einstellen und wir uns wieder absolut hilflos und ausgeliefert fühlen. Aus einer solchen Position ist es beinahe unmöglich, ein gutes Selbstwertgefühl zu entwickeln, um später selbstbewusst und selbstsicher aufzutreten.

Die Übertragung wiederholt sich in unserem Leben ständig, manchmal zum Guten, oft aber auch zu unserem Nachteil. Es gibt Frauen, die durchaus in der Lage sind, in einem kleinen Kreis von Freundinnen ihre Anliegen kompetent vorzutragen. Das aber kann sich schlagartig ändern, wenn andere dazukommen, die sie nicht kennen. Von den Freundinnen wissen sie, dass sie ihnen wohlgesinnt sind. Von Fremden wissen sie es nicht. Wer nicht die Erfahrung gemacht hat, dass auch fremde Menschen freundlich und durchaus wohlgesinnt sein können, überträgt die Erfahrung, die sie früher einmal gemacht hat: Vor Unbekannten musst du dich hüten, denn man weiß nie, was sie im Schilde führen. Dieses Misstrauen verkleinert unseren Handlungsspielraum beträchtlich, aber es lässt auch unseren Denkradius schrumpfen, grenzt die geistige Bewegungsfreiheit ein. Und so erleben wir uns denn auch: eingeschränkt, nicht in der Lage, aus dem Vollen schöpfen zu können. Bei vielen Frauen zeigt sich diese Verunsicherung vor allem im Kontakt mit Männern. Da entsteht eine Totalblockade. Die Gedanken vollführen Bocksprünge, wir hören uns nur noch dummes Zeug daherreden, stammeln herum oder stellen entsetzt fest, dass wir Dinge erzählen, die wir nicht erzählen wollten. Kurz, wir verlieren unsere Souveränität. Wir fühlen uns elend und dumm. Und dieses Gefühl kennen wir denn auch von früher, wenn wir mit dem, was wir sagten, wollten und dachten, entweder lächerlich gemacht wurden oder überhaupt nicht durchgedrungen sind.

Der Vater spielt für Mädchen eine zentrale Rolle. Schließlich ist er der erste Mann in ihrem Leben, mit ihm lernten sie den Dialog mit dem anderen Geschlecht. Ist dieser in einer abschätzenden, das Mädchen entwertenden Weise abgelaufen, sollten wir uns nicht wundern, wenn diese Kränkungen jedes Mal wieder hochkommen, sobald ein männliches Wesen aufkreuzt.[43]

So können wir, wenn wir unser Erleben, unsere Einstellung zu anderen aufmerksam beobachten, sehr viel über uns erfahren. Wir können etwa in Erfahrung bringen, ob wir die Menschen grundsätzlich als wohlgeraten erachten und uns ihnen deshalb vertrauensvoll zuwenden, oder ob wir ständig erwarten, dass andere uns Böses antun, uns ausbeuten und missbrauchen wollen.

So ist es sicher auch kein Zufall – und mein Unbewusstes hat mich zielsicher dahin geführt –, dass ich ein Frauenseminar gründete. Die Arbeit mit Frauen macht mir derart Spaß, vitalisiert mich und gibt mir ständig neue Impulse. Den Kontakt mit Frauen erlebe ich als Geschenk, als Fundgrube, als Schatz. Es sind dieselben Gefühle, die ich in der Beziehung zu meiner Mutter erlebte. Ich badete in ihrem Wohlwollen, in ihrem Interesse. Sie hörte mir zu; alles, was ich erzählte, nahm sie mit größter Aufmerksamkeit auf; alles, was ich fühlte, interessierte sie. Ich lebte mit meiner Mutter in einem kleinen Paradies – so nahm ich es von meiner subjektiven Warte aus wahr.

Blickt man hingegen durch eine andere Brille, so springt einem vor allem ein dysfunktionales Familiensystem ins Auge: Die Eltern waren getrennt durch einen Altersunterschied von dreißig Jahren und einer unüberwindbaren Sprachlosigkeit. Dazwischen Kinder, lauter Mädchen aus verschiedenen Elternkombinationen gezeugt, darunter vier Töchter meines Vaters, die älter als meine Mutter waren. Meine Mutter, wiewohl sie den ganzen Laden wirtschaftlich zusammenhielt, hatten die Umstände längst ins Abseits gedrängt. Es gab in diesem Sinne keine Familie, nur «Vater unser», katholischer Mittelpunkt, um den sich einige Töchter scharten. Ich war mit Abstand die Jüngste. Schlusslicht. Ich gehörte nicht in diese Familie. Aber auch meine Mutter nicht. Und das wiederum war mein Glück. Wir hatten eine eigene Welt, wenn es auch nur eine Nische war. Meine Mutter arbeitete als Näherin in einer Fabrik. Auch das fand ich wunderbar. Nach der Schule war ich mir selbst überlassen und hatte viel Zeit, um in meinem Fantasieland zu spielen. Abends um achtzehn Uhr holte ich meine Mutter am Fabriktor ab. Und wir verbrachten den ganzen Abend allein, niemand störte uns. Oft brachte sie noch Heimarbeit mit nach Hause, ich saß bei ihr, und während ich die Fäden abschnitt, erzählte ich ihr alles, was mich bewegte.

Diese Erfahrung hat mich geprägt: Auf Frauen kann ich mich verlassen, sie verstehen mich und ich verstehe sie, wir sind uns wohlgesinnt. Mit ihnen fühle ich mich wohl. Und wenn ich Vorträge vor einer großen Gruppe von Frauen halte, komme ich einfach nicht auf die Idee, irgendetwas könne schiefgehen, ich könnte missverstanden werden oder mir wolle irgendeine Menschenseele übel.

Ganz anders verhält es sich mit Männern. Seit vielen Jahren bin ich darum bemüht, meine ersten Erfahrungen, die ich mit meinem Vater gemacht habe, nicht auf alle Männer zu übertragen. Mein Vater zeigte keinerlei Interesse an mir. Als ich zur Welt kam, war er bereits 64 Jahre alt. Er war ein alter Mann. Lange Zeit stellte sich bei mir beim Wort «Mann» sofort das Bild eines alten, verwitterten Baumes ein, dessen morsche Äste abknicken, wenn ich mich an ihn lehnen möchte. Mein Vater hatte bereits vier Töchter aus erster Ehe. Er wollte selbstverständlich einen Jungen und war über meine Geburt sehr enttäuscht. Er war mir fremd. Ich verstand seine Welt nicht. Da ich keine Brüder hatte, war mein Erfahrungsbereich ziemlich eingeschränkt. In der Verwandtschaft erlebte ich nur einige aufgeblasene Hähne, von denen ich mich schon als Kind abwandte.

Viel später erst habe ich mein Bild korrigieren können, nicht uneingeschränkt, versteht sich. Aber bis heute bemerke ich in bestimmten Situationen, dass die ersten Erfahrungen mit meinem Vater meine Optik eingestellt haben und ich grundsätzlich eine Bereitschaft mitbringe, männliche Kompetenz in Frage zu stellen. Komme ich beispielsweise mit Männern in Kontakt, die ausschließlich aufgrund ihrer Geschlechtszugehörigkeit und ihrer maßlosen Selbstüberschätzung die Karriereleiter hochgestiegen sind, obwohl sie keine besonderen Fähigkeiten vorzuweisen haben, wittere ich den Braten tausend Meter gegen den Wind.

Wenn wir jedoch keine Ahnung von unseren eigenen Übertragungsmustern haben, geraten wir immer wieder in Situationen hinein, die wir selbst nicht verstehen können. Wir bleiben unseren Reaktionen ausgeliefert, können uns darüber nur wundern, staunen oder ärgern. Auf jeden Fall genügt es nicht, sich via Verstand ein anderes Verhalten aneignen zu wollen. Erst durch die Erforschung des eigenen biografischen Hintergrundes wird es uns möglich, Verhaltens- und Erlebensweisen langfristig zu beeinflussen, zu korrigieren oder gar aufzulösen.

Der dritte Schlüsselbegriff, der ebenfalls von Sigmund Freud[44] stammt, ist *Widerstand*. Widerstand ist die Weigerung einer Person, ihre unbewussten Motive und Wünsche als eigene Anliegen zu erkennen. Widerstand kann demnach auch als Weigerung verstanden werden, mit sich selbst und der eigenen Wahrheit Bekanntschaft machen zu wollen. Dazu gehören primär nicht die schönen und erfreulichen biografischen Ereignisse, sondern belastende oder gar traumatisierende Erfahrungen. Und genau hier liegt das Problem. Während wir uns gerne an das Schöne erinnern, widerstrebt es uns, sich jene Ereignisse ins Gedächtnis zu rufen und sie dadurch wieder emotional nachzuerleben, die schmerzhaft oder ängstigend waren und immer noch derartige Gefühle in uns beleben. So kann Widerstand durchaus als eine Schutzfunktion verstanden werden, der uns davor bewahrt, Leidvolles wieder zu erinnern. Es gibt Erlebnisse, die so schwer sind, dass es Jahre oder gar Jahrzehnte der Reifung braucht, bis die Bereitschaft da ist, den Bildern in der Erinnerung standzuhalten. In den meisten Menschen tickt eine sehr präzis arbeitende Uhr. Sie lassen erst dann die Erinnerungen zu, wenn es für sie Zeit ist. Deshalb ist es sehr wichtig, diesen Widerstand ernst zu nehmen und zu respektieren und nicht zu versuchen, andere unbedingt mit ihrer Wahrheit zu konfrontieren. In der Psychotherapie kann eine zu starke Konfrontation mit unbewussten Motiven des Patienten dazu führen, dass sich der Widerstand verstärkt und die Therapie abgebrochen wird.

Der Widerstand zeigt sich facettenreich, virtuos kostümiert, oft weder für einen selbst noch für andere als solcher zu erkennen. Der Mensch scheint ein großes Bedürfnis zu haben, allem, was das Bild, das er sich von sich selbst gemacht hat, stören könnte, einen mehr oder weniger heftigen Widerstand entgegenzusetzen und eine eventuelle Korrektur abzuschmettern. Der Widerstand gleicht den Schweizergardisten im Vatikan, die den Papst bewachen und dafür sorgen, dass keine ungebetenen Gäste in die geschlossene Sphäre hinter den Mauern eindringen und seine Vorstellung von der Welt in Frage stellen und bedrohen. Unsere eigene Widerstands-Offiziersgarde wehrt ebenso Angriffe ab, die unser Selbstbild schädigen könnten, und setzt dafür vielfältige Strategien ein. Die meisterhaften Inszenierungen der Offiziersgarde werden wir noch kennenlernen und sehen, mit welcher Taktik der Widerstand arbeitet, um uns vor dem Blick auf die eigene Realität zu schützen.

Wer sich in den Darstellungsszenarien des Widerstands auskennt, wird nicht nur umfassende Kenntnis über sich erhalten, sondern gleichermaßen vieles, was sich in der Welt abspielt, durchschauen und verstehen lernen. Wer sich etwa darüber ärgert, dass das Patriarchat den Geist noch immer nicht aufgegeben hat, obwohl seine Inkompetenz längst erwiesen ist, kann sich den Ärger schenken, wenn er sich mit dem Phänomen des Widerstands beschäftigt. Gerade die Frage, weshalb die Frauen sich nicht einfach zusammentun und mit geeinten Kräften das Patriarchat mit seiner frauenfeindlichen und frauenentwertenden Ordnungsstruktur zu Fall bringen, beantwortet sich erst, wenn wir uns die Abwehrmechanismen im Dienst des Widerstands und ihre virtuosen Verkleidungen etwas genauer ansehen. Das führt uns zur komplexen Problematik des Schwesternstreites.

Schluss mit dem Schwesternstreit

Angriff aus den eigenen Reihen

Solange sich Frauen untereinander bekämpfen und sich gegenseitig in ihrem Bemühen hindern, vorwärtszukommen, haben sie genug mit sich zu tun und sind ausreichend beschäftigt. Das kann allen Befürwortern und VerfechterInnen einer patriarchalen Herrschaftsstruktur nur recht und billig sein, wenn wir uns gegenseitig den Wind aus den Segeln pusten.

Wir verdrängen kollektiv, dass die fünftausend Jahre dauernde patriarchale Gesellschaftsordnung uns an den Abgrund geführt hat. Die Menschheit hat sich dank männlichem Fanatismus beinahe selbst in die Luft gesprengt und sich um ein Haar die Lebensgrundlage auf diesem Planeten ruiniert. Sämtliche Versuche, aus der Vernichtungsspirale wieder herauszufinden, haben bislang dazu geführt, dass sich die selbstzerstörerischen Kräfte nur noch vermehren.

Abgesehen von allen anderen Gründen, die dafür sprechen, dass wir Frauen uns auf unsere eigentlichen Fähigkeiten und Kompetenzen, auf unseren Selbstwert und unsere Würde zurückbesinnen, können wir uns ein zu geringes weibliches Selbstbewusstsein auch einfach nicht mehr leisten. Es geht nicht darum, eine nette Freizeitbeschäftigung und etwas Persönlichkeitsentwicklung zu betreiben. Es geht um mehr. Es geht darum, unseren weiblichen Teil der Verantwortung in dieser Welt wahrzunehmen, mitzuentscheiden und über alle Pflichten und sämtliche Rechte in vollem Umfang zu verfügen.

Dazu gehört einerseits eine genaue Überprüfung, mit welchen Verhaltensweisen wir dazu beitragen, dass sich frauenfeindliche Einstellungen zeigen, damit sie benannt und entsprechend bearbeitet werden können. Zum andern aber auch darum, sich neue Denkperspektiven zu erschließen, die uns helfen und weiterführen.

Die Metapher des Krabbenkorbs, die immer wieder als Erklärungsmodell herhalten muss, um die Wirkungslosigkeit emanzipatorischer Bemühungen zu illustrieren, greift meines Erachtens zu kurz. Wenn eine von ihnen versucht, dem Krabbenkorb zu entkommen, so wird den Krabben nachgesagt, würde sie von den anderen Krabben wieder zurückgezogen.

Sehr viel aufschlussreicher sind die Arbeiten italienischer Feministinnen rund um die Philosophinnengemeinschaft Diotima an der Universität von Verona. Diese haben unter dem Begriff «Affidamento» auf einen höchst interessanten Punkt hingewiesen.[45] Italienisch «affidarsi» bedeutet «sich anvertrauen». Ihre These lautet: «Immer dann, wenn eine Frau sich der Autorität einer anderen Frau anvertraut, wenn also das Begehren einer Frau mit Hilfe der Vermittlung einer anderen, die ein «Mehr» hat und die deshalb mit Autorität spricht, einen Weg in die Welt findet, dann ist eine Frau frei, in der Welt zu handeln."[46] Vor diesem Hintergrund wird deutlich, wie wenig Frauen anderen Frauen zutrauen.

Frauen verkünden, ohne dabei in Verlegenheit oder Bedrängnis zu geraten: «Ich ginge nie zu einer Zahnärztin!», «Eine Anwältin kommt für mich nicht in Frage!» Kürzlich erzählte mir eine Frau, wie schwer sie sich auf einem Flug damit tat, als sie die Stimme nicht eines Kapitäns, sondern einer Frau aus dem Cockpit hörte.

Wir trauen uns nicht über den Weg. Wenn eine Frau über ein «Mehr» an Wissen verfügt, werden wir misstrauisch, bestreiten ihre Kompetenz. Wie können wir uns selbst aber vertrauen – unseren Gefühlen, unserem Können, unseren Talenten –, wenn wir grundsätzlich an den Fähigkeiten anderer Frauen zweifeln? Wie können wir ein gutes Selbstbewusstsein entwickeln, wenn wir es anderen Frauen nicht zugestehen und skeptisch sind?

Mit einer solchen Haltung gibt es kein Voranschreiten, gibt es keine Weiterentwicklung, von weiblichen Theorien, von Projekten und Anliegen. Es ist immer wieder zu beobachten, wie Frauen Vorarbeiten, die andere Frauen vor ihnen geleistet haben, nicht zur Kenntnis nehmen, sondern es vorziehen, das Rad nochmals neu zu erfinden. Wie das zum Beispiel in Vereinen geschieht. Wenn die Vorsitzende, die jahrelang den Laden gut und verantwortungsbewusst führte, das Zepter abgibt, ist damit zu rechnen, dass die Nachfolgerin nicht in der Lage ist, die bewährten Strukturen zu übernehmen und sie einfach weiterzuentwickeln. Sie fängt wieder von vorne an. In diesem Bereich wäre es nützlich, von Männern zu lernen. Diese gehen in der Regel respektvoll mit dem um, was andere vor ihnen geschaffen haben, übernehmen Bewährtes und entwickeln es weiter. Auf jeden Fall sind sie nicht so blöd und schalten auf null zurück.

Doch sollten wir uns davor hüten, uns gleich wieder in der uns wohlbekannten Selbstentwertungsspirale zu verlieren. Vielmehr sollten wir die psychologischen Gesetzmäßigkeiten verstehen lernen, die darauf hinwirken, dass wir in die tausend Fallen der Geringschätzung anderer Frauen und auch unserer selbst geraten. Und wenn wir wissen, wie wir hineingekommen sind, dann können wir auch Strategien entwickeln, wie wir wieder herauskommen.

Die Argumente, mit denen frauenfeindliche Äußerungen und Grundhaltungen gerade auch von Frauen als logisch und folgerichtig gerechtfertigt werden, zerplatzen bei genauer Analyse wie Seifenblasen und entpuppen sich als Widerstand, die Frau in ihrer eigentlichen Stärke und Kompetenz zu sehen und zu akzeptieren. Der Weg von der Hochschätzung und Verehrung des Weiblichen in den Frühkulturen zu seiner Geringschätzung und Verachtung in der patriarchalen Gesellschaft ist ein Werk der Verdrängung, das Ergebnis einer ungeheuerlich kreativen Verschleierungstaktik.

Zweifellos ist es ein abenteuerliches, aber doch auch aufschlussreiches Unterfangen, sich endlich etwas genauer kennenzulernen. Und wer sich fragt, in welchen Nischen sich das Selbstbewusstsein verkrochen hat, wird ohnehin nicht daran vorbeikommen, irgendwann Bekanntschaft mit sich selbst zu machen. Mangelndes Selbstbewusstsein verweist auf mangelnde Kenntnis des eigenen Selbst. Wer nicht weiß, wie sein Auto funktioniert, welches seine Stärken und seine speziellen Tücken sind, wird sich darin wohl kaum je sicher fühlen.

Weibliche Verhaltensweisen und -muster sollen und müssen selbstverständlich immer in einem psychosozialen Kontext untersucht und analysiert werden, der die Unfreiheit der Frau berücksichtigt, will man auch nur zu einigermaßen brauchbaren Erklärungsmodellen gelangen. Die lange Unterdrückungsgeschichte der Frauen hat dazu geführt, dass vielen die Fähigkeit beinahe abhandengekommen ist, ihre Abhängigkeit kritisch zu bedenken. Das Patriarchat hat mit seiner Gehirnwäsche ganze Arbeit geleistet, auch wenn das Löschen der Erinnerung nicht vollständig gelungen ist, so lassen sich noch immer Schmauchspuren entdecken.

Es ist eben ein großer Unterschied, wo sich ein Verhalten zeigt: ob in Freiheit oder in Gefangenschaft. Wenn es um das Verhalten von Frauen geht, auch das erbitterte Gegeneinander, das häufig vorkommt, wird dabei häufig der wichtigste Punkt völlig außer Acht gelassen, nämlich dass wir noch lange nicht auch nur annähernd an sämtlichen Rechten wie das männliche Geschlecht partizipieren, sondern in einem patriarchalen Ordnungssystem leben und den damit verbundenen Diskriminierungen und Unterdrückungsstrukturen ausgesetzt sind.

Das Patriarchat, in dem die Frau der Dominanz des Mannes unterstellt ist, wirkt sich für die weibliche Persönlichkeitsentwicklung und -entfaltung wie ein Gefängnis aus. Die Feindseligkeit mancher Frauen untereinander ist in einem System, das Frauen diskriminiert, ein durchaus legitimer Versuch, für einen inneren Druckausgleich zu sorgen. Irgendwo müssen ja die Gefühle für das zutiefst empfundene Unrechtserleben deponiert und wenn möglich wieder abgeführt werden. Wenn zum Beispiel typische weibliche Domänen wie etwa Frauenkliniken, Hebammen-, Krankenschwestern-, Pflegerinnenschulen oder Kindergärtnerinnenseminare einer männlichen Leitung unterstehen, ist es nicht verwunderlich, wenn unter diesen völlig unnatürlichen Kompetenz- und Statusverhältnissen Stutenbissigkeit zum Alltag gehört. Statt dass sich die Aggression nach oben gegen den Unterdrücker richtet, der sich die Leitung über ein Frauenressort anmaßt, wird sie entweder horizontal oder nach unten weitergegeben. Und weil dort nur Frauen anzutreffen sind, trifft es eben auch nur Frauen.

Offenkundig spielt hier die Übertragung eine ganz entscheidende Rolle. Erfahrungen werden auf andere Situationen übertragen, und die Wahrnehmung ist dadurch bereits in eine bestimmte Richtung gelenkt, nämlich die, dass sich die einst gemachten Erfahrungen mit großer Wahrscheinlichkeit wiederholen werden.

Die familiäre Situation ist nachhaltig prägend. Wer in einer Familie aufgewachsen ist, in der das Wohlbefinden des Vaters im Zentrum stand, um den sich die Bedürfnisse und Wünsche der übrigen Familienmitglieder unauffällig zu drapieren hatten, ist bestens für den horizontalen Kampf vorprogrammiert. Die Mutter logiert in der Regel auf dem sozialen Status der Kinder, gelegentlich noch etwas darunter. Während die meisten Kinder über ein eigenes Zimmer verfügen, besitzen viele Frauen keinen einzigen Raum für sich, sondern haben die Küche als ihr Refugium, zwischen Kochtöpfen und Geschirr. Für viele Männer hingegen ist es selbstverständlich, dass sie neben ihrem Büro im Betrieb auch noch über eines zu Hause verfügen, obwohl sie den ganzen Tag weg sind. Viele Väter genießen in der Familie die Privilegien einer heiligen Kuh. Seine Wünsche und Bedürfnisse sind allen Befehl, was zu eigenartigen Auswüchsen führt. Wie kommt etwa ein erwachsener Mensch dazu, mitten am Tag das Lebenszentrum der Familie, das Wohnzimmer, mit dem Anspruch auf absolute Ruhe zu besetzen, um entweder Zeitung zu lesen, Nachrichten zu hören oder im Fernsehen eine Sportsendung anzuschauen! Wo sich auf der einen Seite die Bedürfnisse schamlos ausbreiten, kommt es auf der anderen Seite zu einer Verknappung. Das Gerangel unter Geschwistern und der statusgleichen Mutter ist die Folge.

Der Mechanismus der Übertragung wird später beinahe lautlos angeworfen. Da genügt eine männliche Figur, beispielsweise ein Chef, und wir verhalten uns wie damals, geben ihm unendlich viel Raum, übersehen seine Allüren und sein schlechtes Benehmen und starren dafür penibel auf die Arbeitskollegin, bemerken sofort jede kleinste Unebenheit in ihrem Verhalten. Und vielleicht gehen wir auch so weit, sie bei anderen schlechtzumachen oder gar beim Chef zu verpfeifen. Immer aber dreht sich das Gerangel unter Frauen um die im Zentrum stehende männliche Figur.

«Frauen mag ich nicht»

Ich habe an anderer Stelle darauf hingewiesen, dass es nicht allen Töchtern möglich ist, sich mit ihrer Mutter zu identifizieren. Wenn sie noch in einer traditionellen Frauenrolle gefangen ist, wird es für die Tochter kaum viel Anreiz geben, wie die Mutter werden zu wollen. Sie wird ihr unter keinen Umständen nacheifern wollen, denn so wie sie will die Tochter um keinen Preis werden. Auch wenn der Mutter innerhalb der Familie durchaus Wertschätzung und Anerkennung entgegengebracht wird, so geht die Entwertung, die auf breiter gesellschaftlicher Ebene stattfindet, an keinem Mädchen spurlos vorbei.

Ein junges Mädchen lernt früh, dass eine Frau einerseits auf der untersten Stufe sozialer Anerkennung rangiert und dass ein enges Rollenbild dafür sorgt, seine Fähigkeiten, Talente und Begabungen nicht ungezwungen in einer Frauenrolle ausleben zu können. Gleichzeitig aber macht es die gegenteilige Erfahrung, wenn Frauen virtuos und gekonnt ihre weiblichen Reize bewirtschaften, begehrt und vielleicht sogar angebetet werden. Allein diese konträr verlaufende Bewertung ist eine große Herausforderung für die eigene Orientierung. Obwohl Frauen heute freien Zugang zu allen Wissensgebieten haben, darf uns das nicht darüber hinwegtäuschen, dass es für sie um einiges schwieriger ist, sich in typischen Männerdomänen mit Selbstverständlichkeit zu bewegen. Theoretisch steht der Frau die Welt offen, faktisch trifft dies nicht zu. Die in den Medien getreu dokumentierte weitgehende Abwesenheit von Frauen in sämtlichen obersten Führungsetagen sowie alltägliche Erfahrungen wirken auf das Unbewusste ein und prägen die Zukunftsvision nachhaltig.

Das heranwachsende Mädchen lernt, dass es durch die Tür, die in die Welt führt, nur gehen kann, wenn es der männlichen Bewertungsskala folgt. Es identifiziert sich also mit den Siegern in dieser Gesellschaft und will möglichst nicht in die Nähe der weiblichen Verliererinnen geraten. Solche Frauen sagen dann auch frisch von der Leber weg: «Frauen mag ich nicht!»

Aber die Sache hat einen Haken: Wer andere Frauen nicht mag, lebt auch mit sich selbst im Unfrieden, führt gegen sich selbst einen Krieg, der nie zu gewinnen ist – selbst wenn noch so erfolgreich sämtliche Männerbastionen erobert werden. Dahinter steckt ein tiefes Unwertgefühl gegenüber der eigenen Weiblichkeit, die von mangelnder Selbstachtung und vor allem Selbstliebe hervorgerufen wird.

Frauenfeindliches Verhalten von Frauen ist wie ein Spiegel, der reflektiert, wie die Frauen mit sich selbst umgehen. Um die eigene Wertlosigkeit nicht fühlen zu müssen, solidarisieren sich selbstwertschwache Frauen mit den selbstbewussten Siegern, dem männlichen Geschlecht, und projizieren ihren Unwert auf andere Frauen.

Mit den Wölfen heulen

Trotzdem muss die Frage gestellt werden, wie es letztlich dazu kommt, dass sich viele Frauen mit einer Unterdrückungsideologie, die sich ja gegen sie selbst richtet, solidarisieren und eine Komplizenschaft mit den Männern anstreben.

Der Vorgang der Kumpanei zwischen Unterdrückern und Unterdrückten zeigt, wie exakt seelische Gesetzmäßigkeiten arbeiten und mit welcher Virtuosität der Widerstand versucht, den Blick auf die Wirklichkeit zu verstellen und die Abwehrmechanismen dem analytischen Blick zu entziehen.

Die *Identifikation* als Abwehrmechanismus vermag einige hintergründige Motive im Schwesternstreit zu erhellen. Hier wird sie mit dem Mann gesucht, der mit jenen sozial erwünschten Eigenschaften ausgestattet ist, die ihm Status und Anerkennung bringen. Die Identifikation ist also ein wirksamer Schutz, um sich nicht den Kränkungen, Verletzungen und Demütigungen auszusetzen, die dem weiblichen Geschlecht gelten. Sie ist wie ein fremdes, schillerndes Kostüm, das über die etwas ärmliche eigene Kleidung geworfen wird. Somit genießen wir stellvertretend Zuwendung und Wertschätzung.

Für Frauen ist die Identifikation ein geeigneter Abwehrmechanismus, um eigene Wünsche, zum Beispiel nach beruflicher Anerkennung, abzuwehren. Sie identifizieren sich mit ihrem Ehemann, dienen ihm zu, halten ihm den Rücken frei, damit er an der Front Erfolge verbuchen kann. Seine Erfolge sind auch ihre, sein finanzieller Gewinn auch ihrer. Ein böses Erwachen folgt dann, wenn sich das Paar trennt und die Frau mit der Vorstellung, Teil eines erfolgreichen Partners gewesen zu sein, alleine, letztlich mit beinahe leeren Händen dasteht.

Das hartnäckige Verleugnen männlicher Dominanz seitens der Frauen wird von vielen als ein ungeheuer schmerzlicher und völlig unverständlicher Akt frauenfeindlicher Gesinnung aus den eigenen Reihen erlebt. Eine Analyse zeigt aber, dass dahinter eine Verdrängungsleistung steht, die durchaus Sinn ergibt. Da ist einmal die Frau, die in einem Abhängigkeitsverhältnis eingeschlossen lebt und ihre Lebenssituation nicht in Frage gestellt sehen möchte. Ein kritischer Blick würde es ihr schließlich unmöglich machen, weiterhin in einer Beziehung zu leben, in der sie sich nicht entfalten kann. Viele Frauen geraten unfreiwillig in die Situation, der Wahrheit ins Gesicht zu sehen, falls es zu einer Trennung kommt.

Die andere Position wird durch jene Frau vertreten, die sich selbst ihren Teil in der männlichen Welt holt, die partizipiert und eventuell sogar eine der seltenen Machtpositionen bekleidet. Die weibliche Misere anderer Frauen wird dann einfach nicht zur Kenntnis genommen; aus ihrer Stellung heraus identifiziert sich die Betreffende nie mit der Situation der Frau im Allgemeinen. Die Realität wird verdrängt und ausgeblendet, selbst Zahlen und Statistiken, die das Ungleichgewicht belegen, vermögen ihre Überzeugung nicht zu erschüttern. Wenn andere davon sprechen, dass Frauen in unserer Gesellschaft noch immer unterdrückt werden und zu den Verliererinnen zählen, dann wollen sie davon nichts wissen, äußern sich unverhohlen wie die ehemalige legendäre britische Premierministerin Margaret Thatcher: «Ich hasse diese schrillen Töne der Emanzen.» Obwohl es sich in der Regel um intelligente Frauen handelt, schließen sie von sich auf andere und fegen damit das Problem vom Tisch. Sie vergessen, dass sie zu einer elitären Minderheit gehören. Wenn wir uns diese Frauen und ihre Position einmal etwas genauer anschauen, haben sie tatsächlich keinen Grund, sich über irgendeine Benachteiligung zu beklagen, denn diese Frauen gehören zu den ganz wenigen, die an männlichen Privilegien teilhaben und äußerst erfolgreich sind.

Die typische Karrierefrau hat wie ein Mann zu allen Bereichen selbstverständlich Zutritt, sie ist erfolgreich, partizipiert an Macht und wirtschaftlichem Gewinn. Als Mädchen wurde sie entweder vom Vater gefördert, oder seine Gleichgültigkeit und Entwertung hat ihre Trotzenergie herausgefordert und gestärkt. Im Falle einer Förderung hat er ihr alles beigebracht und sie in sämtliche Spielregeln eingeweiht, um in der Männerherrschaft erfolgreich mitzumischen. Wurde hingegen die Tochter vom Vater entwertet, wird sie entweder zeitlebens versuchen, den Phantomschmerz «Vater» zu lindern, indem sie Anerkennung und Bestätigung von anderen Männern einfordert. Oder aber ihre Devise lautete «Jetzt erst recht!», und sie schaute ihm in die Karten. Beide Varianten sind ihr dabei behilflich, sich weit vom Rollenmodell Mutter zu distanzieren. Somit ist für die Tochter die Gefahr gebannt, in ihre Fußstapfen zu treten. Sie identifiziert sich mit dem Lebensentwurf des Vaters und schlägt sich auf die Siegerseite, wehrt also durch die Identifikation mit dem Vater die Konfrontation mit der Benachteiligung der Frau ab.

Margaret Thatcher war eine typische Vatertochter, sie bewunderte ihren Vater über alle Maßen. Von ihm habe sie alles gelernt, was es braucht, um später Macht auszuüben. Sie verdanke ihrem «Pa alles, einfach alles», schwärmte sie auch im fortgeschrittenen Alter. Selbstverständlich gehören auch die Härte und Unerbittlichkeit, mit denen sie sich durchsetzte, dazu. Die äußerst zielstrebige, intelligente und fleißige Margaret studierte Jura und Chemie, heiratete 1951, gebar die Zwillinge Carol und Mark und arbeitete als Steueranwältin. Mit 34 Jahren zog sie ins britische Unterhaus ein. Sie konnte es sich leisten, die Kinder von einer Haushälterin großziehen zu lassen. Nachdem sie an der Macht war, ließ sie zuerst Kindergärten und Förderungsprogramme für berufstätige Mütter streichen, was aus ihrer Sicht völlig logisch war.

Die Erfolgsfrau zeigt sich aber noch in einer anderen beliebten Spielart. Diese Frau ist zwar nicht männlich identifiziert, aber es gelingt ihr, den Mann als Förderer ihrer Karriere einzuspannen. Sie hat bereits als Mädchen die ungleichen Rollen unbewusst aufgenommen und begriffen, dass Weiblichkeit gewinnbringend instrumentalisiert werden kann. Sie weiß, welche Knöpfe beim Mann zu drücken sind. Die meisten Männer sind auf erotische und sexuelle Anreize programmiert, und ihr Verhalten ist recht präzise steuer- und berechenbar.

Deshalb ist der Mann ein nicht zu unterschätzender Risikofaktor. Interessanterweise wird genau diese Tatsache, obwohl vielfach dokumentiert, ebenso kollektiv verdrängt. Es gibt Frauen, die die hormonelle Störanfälligkeit des Mannes gekonnt einkalkulieren und sich über diesen Sektor Vorteile erarbeiten. Das heißt, sie setzen ihre weiblichen Reize wie selbstverständlich ein, wenn es darum geht, das einwandfreie Funktionieren des Verstandes beim männlichen Geschäftspartner etwas zu reduzieren oder ganz außer Gefecht zu setzen, um besser zum gewünschten Ziel zu gelangen. Sie gehen mit dem erweiterten Spektrum nonverbaler Argumentation sehr natürlich um und sehen in der Tatsache, eine Frau zu sein, absolut kein Problem, sondern eher einen Vorteil.

Sie gehen sogar noch einen Schritt weiter und identifizieren sich mit dem Angreifer Mann, dem Aggressor, der die Würde der Frau angreift und verletzt. Für ihn ist die Frau lediglich ein Objekt seiner Triebbegierde, er reduziert sie als Mensch. Um aber diese Verletzung und Entwürdigung nicht zu fühlen, distanziert sich die Frau von sich selbst und identifiziert sich mit der Position des Mannes. Mehr noch, sie übernimmt sogar seine Bewertung und Beurteilung anderer Frauen wie beispielsweise ihre Fähigkeit, das männliche Geschlecht sexuell zu stimulieren, und beurteilt sie mit den Augen eines Mannes. Eine durchaus geläufige und harmlos anmutende Bemerkung von Frauen entpuppt sich in diesem Zusammenhang bei genauer Betrachtung als durch und durch frauenfeindlich und sexistisch: «Mit solchen Beinen dürfte die keinen kurzen Rock tragen!» Alle negativen Äußerungen anderen Frauen gegenüber, die das Aussehen betreffen, sind letztlich ein Versuch, die eigenen erlittenen Verletzungen der Begutachtung und Bewertung abzuwehren und zu verdrängen.

Als weiteres Beispiel gibt es noch die Frau Gemahlin, die

selbst nicht aktiv sein muss, sondern sich als Frau von Herrn X Zutritt zu allen Bereichen verschafft hat. Sie genießt sämtliche Privilegien und ist durchaus bereit, auch ihren Teil dazu beizutragen, indem sie als Gegenleistung möglichst modisch und attraktiv in Erscheinung tritt – was mit zunehmendem Alter eine stets anspruchsvollere Aufgabe sein wird. Sie wird die Argumente, die aus der Frauenbewegung kommen, entweder übergehen und nicht zur Kenntnis nehmen oder ihre fordernden Schwestern als grundsätzlich leicht unzurechnungsfähig abtun. Selbst wenn diese Frauen im Bekanntenkreis miterleben, wie die meisten Ehefrauen, Freundinnen und Geliebten einem unerbittlichen Verfallsdatum unterworfen sind und schließlich nicht wenige ausgemustert und durch eine andere ersetzt werden, wird dieser Tatbestand hartnäckig geleugnet.

Frauen aber identifizieren sich nicht nur mit dem beruflichen Erfolg ihrer Partner, sondern auch mit dem ihrer Chefs. Die Identifikation schützt sie davor, die tief sitzende Kränkung zu erkennen, die eigenen Fähigkeiten nicht als eigene Kompetenz zum Ausdruck bringen zu können und dafür selbst Anerkennung zu erhalten, auch für ihre Leistung angemessen entlohnt zu werden. Sie stellen sich ganz und gar in den Dienst der Aufgabe, was an und für sich ein durchaus lobenswerter Wesenszug ist. In solchen Arbeitsverhältnissen schießt die Selbstaufgabe jedoch weit über das Ziel hinaus und ist – das kommt noch hinzu – vollkommen umsonst. Die geleistete Energie fließt nämlich nicht ausschließlich der Arbeit zu, sondern führt dazu, dass sich der Chef mit fremden Federn schmückt, Anerkennung und Lob dafür kassiert und darüber hinaus auch noch monetär honoriert wird. Der Stachel einer solch gravierenden Misswirtschaft kann nur durch Identifikation mit dem vermeintlichen Leistungsträger über längere Zeit durchgestanden werden. Frauen, die sich mit ihrem Chef identifizieren, sind mit ihren Arbeitskolleginnen alles andere als solidarisch. Es geht ja schließlich darum, möglichst einen bevorzugten Platz an der Sonne zu ergattern. Wenn wir bedenken, wie viele mittelmäßig bis unterdurchschnittlich begabte Männer in Chefpositionen sitzen, die nur dank ihrer außerordentlich tüchtigen, intelligenten und kompetenten Sekretärin ihre Aufgaben zu erfüllen vermögen, dann wird klar, dass viele Frauen diesen himmelschreienden Missstand nur noch aushalten, indem sie sich mit ihrem Chef identifizieren.

Die Verhaltensweisen dieser Frauen belegen, dass sich dahinter der tiefe Wunsch verbirgt, in vollem Umfang an sämtlichen Möglichkeiten der Lebensgestaltung und der Entfaltung zu partizipieren. Dazu zählen sowohl intelligente Frauen mit einer hohen Kompetenz an Sachwissen als auch diejenigen, die sich nicht unterkriegen lassen wollen.

In diesem Streit gibt es keine Siegerinnen, sondern nur Verliererinnen. Die Kränkungen finden in beiden Lagern statt. Die Frauen, welche die Seite der Benachteiligten vertreten, fühlen sich von ihren Schwestern im Stich gelassen und jämmerlich verraten. Und da in dieser Fehde sämtliche Register der Kriegsführung zum Einsatz kommen, findet ein ziemliches Gemetzel statt. Der Familienfrau wird verminderte Denkfähigkeit zugeschrieben, der männlich identifizierten Karrierefrau Härte und Unweiblichkeit angekreidet, und die Frau, die sich den Mann vor ihre weiblichen Attribute spannt, wird als Schlampe tituliert.

Fürsorge durch die Hintertür

Ein interessanter Abwehrmechanismus ist die *Regression*. Wir können ihn bei fast allen Frauentypen finden – allerdings erst bei genauerem Hinsehen oder -hören.

Für viele Frauen ist Regression die einzige verbliebene Möglichkeit, etwas, das sie als unbewussten Mangel erleben, zurückzufordern – ohne offen Farbe zu bekennen. Vielleicht gehören wir zu den Frauen, die jeden Tag einen Marathon hinlegen, rund um die Uhr im Einsatz sind, tausend Alltagsverpflichtungen erledigen und verdammt viel leisten. Das dabei entstehende Bedürfnis, uns bei jemandem anzulehnen, auch einmal Schwäche zuzulassen oder ganz einfach einem Schutzbedürfnis nachzugehen, wird aber nirgends gestillt. In der Regression wehren wir diese Grundbedürfnisse ab, indem wir auf frühere Entwicklungsphasen zurückgreifen und auf längst überwundene Verhaltensweisen ausweichen. So kommen wir auf diesem Umweg zu unseren abgewehrten Wünschen nach Fürsorge, Schutz und so weiter.

Es gibt Frauen, die schlagen sich ganz gut durchs Leben. Sie bezahlen pünktlich ihre Rechnungen, sie fahren problemlos von A nach B, buchen sich ein Hotel und haben keinerlei Schwierigkeiten, ihr Leben zu organisieren. Das kann sich aber blitzschnell ändern, wenn sie nicht mehr allein sind. Sitzt ein Mann auf dem Beifahrersitz, ist es schlagartig vorbei mit dem Orientierungssinn. Sie können plötzlich die Wegweiser nicht mehr lesen, fragen dauernd, ob sie nun nach links oder nach rechts fahren müssen und so weiter. Dahinter steckt der Wunsch, dass jemand für sie die Arbeit übernimmt, die Verantwortung für sie trägt und für sie sorgt. Dieses Verhalten kann vor allem bei Menschen beobachtet werden, die sehr pflichtbewusst, gewissenhaft und zuverlässig sind, sich stets um alles selbst kümmern und wenig oder überhaupt nicht in den Genuss kommen, sich auszuruhen und sich bei jemandem anzulehnen. Emanzipierte Frauen tragen nicht selten einen solchen Schatten mit sich herum, stellen sie doch an sich selbst den Anspruch, alles im Griff zu haben, niemals schwach zu sein oder gar schlappzumachen. Da kann es leicht geschehen, dass natürliche Wünsche zu kurz kommen, etwa beschützt zu werden oder gar sich etwas verwöhnen zu lassen.

Oft denke ich, emanzipierte Frauen sind in dieser Hinsicht die ärmsten Schweine. Nach außen sind sie stark und, wenn sie Pech haben, auch noch erfolgreich. Das führt dazu, dass sie einem Dauermangel liebevoller Zuwendung durch andere Mitmenschen ausgesetzt sind. Niemand käme auf die Idee, ihnen zwei, drei unsägliche Winzigkeiten abzunehmen – von Alltagserschwernissen ganz zu schweigen. Wir schleppen unsere schweren Koffer selbst. Wir karren das Auto selbst in die Waschanlage und kümmern uns um die Montage der Winterreifen. Wir verbringen unsere Freizeit damit, uns durch ein dreihundert Seiten dickes Handbuch für das neue Computer-Programm zu ackern.

Gleichzeitig bügeln wir auch noch unsere Blusen und – Emanzipation hin oder her – seine Hemden. Wen wundert's, wenn uns irgendwann plötzlich die Luft ausgeht und wir die einfachsten Dinge nicht mehr wissen. Vielleicht müssen wir uns sogar eine kleine Grippe anlachen, in der heimlichen Hoffnung, vom Partner versorgt oder vielleicht etwas gehätschelt zu werden. Auch Knochenbrüche sind sehr günstig, damit erhalten wir vorübergehend wenigstens Unterstützung für den eingeschränkten Bewegungsapparat. Das ist für sehr selbständige Frauen oft noch die einzige Möglichkeit, etwas Fürsorge abzubekommen, ohne Gefahr zu laufen, gleich für den Rest ihres Lebens als unselbständig eingestuft zu werden.

Die Sache hat natürlich einen Haken. Da die ganze Angelegenheit vom Unbewussten aus gesteuert wird, haben wir auf den Regieplan keinen Einfluss und können die Richtung nicht mehr bestimmen. So kann es leicht geschehen, dass uns die ganze Inszenierung aus dem Ruder läuft und wir den Ereignissen hilflos ausgeliefert sind.

Auch ich habe diesbezüglich schon meine Erfahrungen gesammelt. Ich hasse Festbankette. Bin ich irgendwo eingeladen, erkundige ich mich über Ablauf und Struktur. Stellt sich heraus, dass die Gäste an festgelegten Plätzen sitzen, sage ich ab. Zu oft habe ich bei Anlässen, auch familiärer Art, einen endlosen Abend lang durchgelitten: Zwangsgemeinschaft mit irgendwelchen Tischnachbarn, zum hilflosen Herumstochern in Höflichkeitsfloskeln verurteilt, deren Vorrat irgendwann erschöpft ist. Bei vielen sich unfreiwillig zusammenfindenden Gesprächspartnern ist nach spätestens zwanzig Minuten alles gesagt. Die folgenden Stunden sind die reinste Folter. Und ich kann mich nur noch retten, indem ich mich hemmungslos dem Tafeln hingebe und meinen ganzen Frust in mich hineinfresse – was verheerende Folgen hat.

Ich hatte mich seit Monaten auf Silvester gefreut. Viele Freunde waren geladen. Es sollte ein großes Fest werden. Mit einer Hilfe, die in puncto Haushaltsführung noch weniger Ahnung als ich hatte, besprach ich schon lange vorher die Kulinaria. Ich wollte ein großes Buffet aufbauen und alles fertig zubereitet anliefern lassen. So könnten sich die Gäste bedienen und sich im ganzen Haus nach Belieben verteilen, ganz so, wie ich das gerne habe. Ich fertigte Zeichnungen an, damit ich mir über die Größenordnung und Vielfalt der Speisen eine Vorstellung machen konnte. Alles war bestellt, das Haus hergerichtet, weiteres Hilfspersonal angefordert. Zwei Tage vor Silvester reiste eine geladene Freundin zu früh an, die sich im Datum geirrt hatte. Nun, schon einmal hier, wollte sie nicht untätig warten. Und weil sie auch in ihrem Leben alles im Griff hatte, packte sie auch bei mir an. Da ich bereits nervös war und bangte, ob wohl alles klappen würde, nahm Gaby mir kurz entschlossen das Heft aus der Hand.

Es ist ja interessant, wovor sich Menschen am meisten fürchten. Ich sterbe jedes Mal vor Aufregung, wenn ich Besuch erwarte. Ich bin davon überzeugt, dass der Kaffee, den ich zusammenbrauen werde, ausgerechnet dann wie Spülwasser schmeckt, dass sich die Eiswürfel für den Aperitif, da zu früh aus dem Tiefkühlfach geholt, bereits aufgelöst hätten, das Salzgebäck im Ofen verkohlt und die Snacks von den Hunden aufgefressen seien. Etwas Umfangreicheres, Mehrgängiges selbst herzustellen läge mir ferner, als auf einem Seil zu tanzen. An diesem Silvesterfest sollten vierzig Menschen verköstigt werden.

Gaby war Geschäftsfrau und wäre zweifellos auch als Hoteldirektorin erfolgreich geworden. Mir fiel ein Stein vom Herzen. Gaby übernahm die Regie. Zuerst stellte sie dies und das um und entschied, dass die Gäste nicht im ganzen Haus herumspazieren, sondern sich auf einige wenige Räume beschränken sollten. Ich hatte mir das zwar so schön vorgestellt – überall kleine Grüppchen, die sich rege unterhalten –, aber ich ordnete mich Gaby unter. Sie instruierte das Personal, und ich war überglücklich. Ich würde mich ganz und gar auf die Gäste konzentrieren können und hätte mit dem Organisatorischen nichts mehr zu tun.

Als die ersten Gäste kamen, genoss ich meine Rolle in vollen Zügen. Wir hielten Gläser in der Hand und unterhielten uns. Es gab bereits kleine Naschereien, dampfende, knopfgroße Pizzen. Da ich mich um nichts mehr gekümmert hatte, bemerkte ich nicht, dass nirgends ein Buffet aufgebaut war. Gaby hatte umdisponiert. Irgendwann wurden wir alle zusammengetrommelt und an lange Tische gesetzt. Ich saß, eingequetscht zwischen dem Mann einer Freundin und der Frau eines Freundes, die ich kaum kannte. Der Mann erzählte vom Fischen und die Frau vom Vorhangnähen. Die Vorspeise wurde aufgetragen. Dann kam die Suppe. Dann folgten einige Gänge, an die ich mich im Einzelnen nicht mehr erinnern kann. Nach dem zweiten oder dritten Gang wurde mir speiübel, und ich rannte zur Toilette. Während meine Gäste tafelten, hing ich über der Kloschüssel. Schließlich robbte ich auf allen vieren ins Bett, elend, in Schweiß gebadet. Frederic kam nach einer Stunde ebenfalls. Auch ihn hatte das Elend der Festgestaltung erwischt. Um Mitternacht drang der Lärm von Feuerwerk und Korkenknallen und Gelächter einer fröhlichen Gesellschaft an unsere Ohren. Wir lagen wie heruntergeschlagene Fliegen bewegungslos im großen Bett und hielten uns an den leblosen Händen. Ich heulte lautlos und haderte bitter mit mir.

Am nächsten Morgen war der Spuk vorbei. Die Gäste waren abgereist, und wir waren bei bester Gesundheit. Gaby hatte schon alles wieder aufgeräumt, dank einem speziellen, von ihr mitgebrachten Vakuumgerät lagen bereits die Reste des Silvester-Mahls tiefgekühlt in der Truhe und erinnerten mich bis in die Sommermonate an das verpatzte Fest.

Zweifellos hätte ich die Organisation geschafft und das Fest nach meiner Vorstellung gestaltet. Der Rückfall auf eine frühere Entwicklungsstufe birgt die Gefahr in sich, dass wir in eine totale Unfähigkeit hineingeraten und überhaupt nichts mehr selbst bestimmen.

Es gibt Menschen, die an ein Urlaubsziel fahren, wo sie überhaupt nicht hinwollten, nur weil sich ein anderer dazu bereit erklärt hat, die Reiseplanung zu übernehmen. Dahinter steht immer der Wunsch, dass irgendjemand einem etwas abnimmt oder für einen erledigt.

Zudem bietet die Regression auch noch die Möglichkeit, gerade in einer Beziehung, in der wir als besonders weiblich gelten wollen, in Unfähigkeit und Hilflosigkeit zu flüchten. Nichts vermag einen selbstwertschwachen Partner mehr anzufeuern, als einer noch schwächeren Frau mit seiner vermeintlichen Stärke unter die Arme greifen zu können.[17] «Wenn ich hilflos werde, blüht er auf», erzählte mir eine erfolgreiche Kabarettistin. Sie hatte derart Angst, durch ihre Erfolge den Partner zu verlieren, dass sie sich angewöhnte, immer wenn sie von einer Tournee zurückkehrte und er sie auf dem Flughafen abholte, ihr gesamtes Gepäck nicht mehr zu finden. Er kümmerte sich dann in einer Großaktion darum, während der sie wie ein kleines hilfloses Mädchen auf einer Bank wartete, am Mantelärmel herumkaute und ihn mit großen dankbaren Augen anstaunte, wenn er erfolgreich mit ihren Koffern zurückkam.

Wenn wir hilflos, unfähig und inkompetent werden, lohnt es sich zu überlegen, ob wir vielleicht den Wunsch nach Unterstützung, Anlehnung und Schutz zu wenig ernst nehmen und uns auf anderem Weg das holen, was wir gerne hätten. Indem wir lernen, unsere Wünsche wahrzunehmen, sie ernst zu nehmen und direkt auszusprechen, entgehen wir der Gefahr, in Situationen hineinzugeraten, in denen andere über uns bestimmen und wir nichts mehr selbst in der Hand haben.

Was nicht sein darf, gibt es nicht

Der bekannteste Abwehrmechanismus ist die *Verdrängung*. Wünsche, Bilder, Ideen werden ins Unbewusste verlagert und ihr Vorhandensein vergessen oder verleugnet. Aggressive oder sexuelle Impulse werden eingefroren und in der Tiefkühltruhe aufbewahrt. Wie Verdrängung funktioniert, können wir unterhaltsam am Bildschirm mitverfolgen. Da ist der Herr XY, der sich im TV-Talk vehement gegen legalisierte Abtreibung richtet. Er selbst, verantwortungsvoller Vater zweier ehebettrechtlich gezeugter Kinder, kann mit diesem Einsatz seine nach aushäusig strebenden Triebenergien bündeln und abwehren. Gerade bei Fernsehdebatten sind diese Brüche zwischen Wollen und Sollen augenfällig, geht doch von solchen Herren sehr häufig auch etwas unterschwellig Schmierig-Lüsternes aus. Diese Aktionen helfen, mit eigenen abgewehrten Triebwünschen besser fertigzuwerden. Die Beschäftigung mit diesen Themen bringt bereits ein hohes Maß an Befriedigung. Man ist dabei, ohne dabei zu sein.

Verdrängtes Material kommt gelegentlich im Kostüm einer Fehlleistung an die Oberfläche. Erich Fromm erzählte in einem Vortrag von einer Fehlleistung, die sich in Form eines Versprechers äußerte. Fromm war von einem Kollegen, von dem er wusste, dass dieser ihn nicht besonders mochte, eingeladen. Bei der Begrüßung reichte er ihm die Hand und sagte: «Auf Wiedersehen.» Damit drückte das Unbewusste aus, was es sich wünschte: Der Gast möge doch bald wieder gehen. Als ich einmal zu einem Vortragstermin fuhr, war ich sehr überrascht, als ich erfuhr, dass die Veranstaltung erst in einer Woche stattfinden sollte. Ich fuhr wieder nach Hause, wunderte mich über meine Fehlplanung, ärgerte mich über den umsonst erbrachten Reiseaufwand von nahezu vier Stunden, war aber doch erleichtert, dass niemand etwas von der Panne erfuhr außer Frederic. Ich korrigierte das Datum sofort in meinem Terminplan auf den kommenden Mittwoch. Am Abend davor klingelte das Telefon. Eine aufgeregte, ärgerliche Stimme wollte wissen, wo um Gottes willen ich denn stecke. Der Saal sei voller Menschen, die auf mich warteten! Ich konnte nichts mehr tun. Das Publikum wurde nach Hause geschickt. Ich fühlte mich elend wie nie zuvor. Was war geschehen? Ich zweifelte an mir, ob ich nun langsam begann, die Daten durcheinanderzubringen. Und das gleich zweimal! Hätte ich nach dem ersten Patzer in meinen Unterlagen nachgesehen, hätte ich den Fehler sofort entdeckt. So aber verschob ich den Termin einfach um eine volle Woche. Schlaflose Nächte folgten. Eines Morgens brachte mich Frederic auf eine heiße Spur. Oft werden Vortragstermine ein Jahr im Voraus vereinbart. Frederic aber erinnerte sich. Er war am Telefon gewesen, als die Anfrage eines Frauenvereins kam. Die Frau hatte ihm unverhohlen erklärt, dass die anderen Frauen im Vorstand mich als eine «ziemlich blöde Kuh» taxierten, mich aber dennoch einladen wollten, weil sie davon ausgingen, dass das Haus dann voll sei, und dies würde der Vereinskasse guttun. Frederic hatte mir seinerzeit empfohlen, die Einladung nicht anzunehmen. Ich weiß noch, dass ich nur gelacht und gesagt hatte: «Ach, lass doch. Das ist doch nicht so schlimm. Die meinen das ja nicht so.» Offenbar hatte es mich aber doch viel stärker getroffen und gekränkt. Und das Unbewusste sorgte dafür, dass ich mich nicht einfach über diese Kränkung hinwegsetzen konnte. Es inszenierte ein großartiges Datenverwirrspiel.

»Sobald die Weiber uns gleichgestellt sind, sind sie uns überlegen.» Dieser Satz wird dem römischen Staatsmann Marcus Porcius Cato (234–149 v. Chr.) zugeschrieben und sagt alles aus, um die Vehemenz zu verstehen, mit der die Herabminderung weiblicher Kompetenzen betrieben wird. Der Abwehrmechanismus *Verkehrung ins Gegenteil* steht vor allem in der Abteilung Diskriminierung der Frau hoch im Kurs. Es braucht schon ziemlich viel Energie, um die ständig erfolgende Entwertung und Geringschätzung der Frau zu übersehen und alles, was Frauen zu leisten in der Lage sind, konsequent auszublenden.

Dennoch ist immer wieder zu vernehmen, dass doch eigentlich die Frauen letztlich die Macht hätten. Dabei wird auf die Verführbarkeit des Mannes angespielt und die ziemlich jämmerliche Rolle der Frau als machtvolles Gebaren interpretiert. Die gesamte Argumentation baut sich ausschließlich auf dem Brunft- und Balzverhalten des Mannes auf, der schließlich Opfer seiner eigenen Triebnatur wird.

Ebenso interessant ist es, wenn aus Opfern plötzlich Täterinnen konstruiert werden, wie das immer wieder im Fall einer Vergewaltigung vorkommt. Die Frau, das junge Mädchen oder gar das Kind als böse Verführerin anzuklagen, die den Mann unsittlich und übermäßig mit ihren erotischen Reizen um Verstand und Anstand bringt, ist ein klassischer Abwehrmechanismus von Verkehrung ins Gegenteil. Solche Argumentationen sind nun aber nicht nur von Männern zu hören, sondern – was noch erstaunlicher anmutet – auch von Frauen. Ich bin mir sicher, keine Frau auf der Welt legt es auf eine Vergewaltigung an. Es gibt soziale Statuspositionen, da hat die Frau überhaupt keine andere Möglichkeit, vom anderen Geschlecht zur Kenntnis genommen zu werden, als durch den Lockruf erotischer Reize. Es sollte möglichst vermieden werden, dass sich ein Mann durch ein weibliches Wesen sexuell stimuliert fühlt und er Opfer eines hormonellen Testosteronschubs wird. Gleichzeitig aber wird die Frau aufgefordert, sich möglichst appetitanregend zu präsentieren.

Eine ganz pikante Verkehrung ins Gegenteil versteckt sich hinter dem meist schnippischen Vorwurf: «Frauen sind selbst schuld, wenn sie sich das alles gefallen lassen.» Da ist also zunächst einmal das Eingeständnis, dass Frauen einer Entwertung und Benachteiligung ausgesetzt sind, dann aber folgt der Hammer, denn jetzt findet eine Verkehrung statt. Die Frau ist selbst schuld, wenn ihr Derartiges widerfährt und sie sich nicht dagegen zur Wehr setzt.

Interessant an dieser Argumentation ist die darin verpackte Wut, die sich wohl in erster Linie gegen die Dominanz der Männer richtet, dann aber auf die Frauen umgelenkt wird. Es ist gesellschaftlich sehr viel einfacher, Frauen zu kritisieren, als das Verhalten der Männer einer genauen Begutachtung zu unterziehen.

Obwohl viele Frauen hohe soziale Kompetenz unter Beweis stellen und sowohl in familiären Zwistigkeiten als auch in beruflichen Auseinandersetzungen vermittelnde, Frieden stiftende Funktionen übernehmen, wird ihnen immer wieder vorgeworfen, grundsätzlich zänkisch und intrigant zu sein. Auch wenn es selbstverständlich unter und mit Frauen zu Uneinigkeiten kommt, so handelt es sich doch um eine üble Verallgemeinerung, die nur eines bezwecken soll: das Bild der Frau zu beschädigen. Dazu gehören sämtliche frauenfeindlichen Klischees, die ihnen grundsätzlich einen schlechten, verwerflichen Charakter unterstellen. Oft werden Eigenschaften wie Falschheit, Hinterhältigkeit, Neid und Arroganz als typisch weiblich bezeichnet. Darüber hinaus werden Frauen Kompetenzen abgesprochen, selbst dann, wenn sie erstklassige Leistungen erbracht haben. So gehört es immer noch zum guten Ton, die Intelligenz einer Frau anzuzweifeln, vor allem, wenn sie dazu auch noch attraktiv sein sollte.

Auch wenn es ums Geld geht, können wir die Verkehrung ins Gegenteil von weiblichen und männlichen Fähigkeiten feststellen. In unserer Gesellschaft besitzen Männer das Geld. Zur Erinnerung: Frauen verfügen über ein Prozent des Weltvermögens, obwohl sie nachweislich zwei Drittel der Weltarbeit leisten. Männer verwalten und vermehren die Vermögen – und machen immer wieder mal Pleite. Denn Männer können nicht mit Geld umgehen, es scheint ihnen Mühe zu bereiten zu rechnen. Die Kommission der amerikanischen Börsenaufsicht hat in einer Untersuchung festgestellt, dass männliche Geldanleger zwölfmal mehr Totalverluste erleiden als Frauen. Doch die großen Pleitiers, die in patriarchaler Selbstüberschätzung männliche Unfähigkeit illustrieren, vermögen den Mythos vom kompetenten (Geschäfts-)Mann nicht grundsätzlich in Frage zu stellen. Der Abwehrmechanismus *der Verkehrung ins Gegenteil* verhindert einen klaren und realistischen Blick auf die kompetente, intelligente und starke Frau, während die Schwächen des Mannes als Stärken umgedeutet werden.

Den eigenen Unwert auf andere übertragen

Projektion ist wie ein Spiegel, um eigene uneingestandene Wünsche oder Verhaltensweisen, die negativ beurteilt werden, auf andere zu übertragen, um sie dort zu bekämpfen und anzugreifen. Derartige Vorgänge können in Beziehungen sehr belastend werden, wenn etwa der eine Partner seine eigenen Wünsche nach einem Seitensprung verdrängt, ihn dem Partner/der Partnerin unterstellt und mit Eifersucht und Anschuldigungen aufwartet.

Gerade im sexuellen Bereich spielt die Projektion eine wichtige Rolle. Es gibt viele Menschen, die größte Mühe haben, sich die eigenen sexuellen Wünsche einzugestehen. Alles sexuell Gefärbte wird auf die Außenwelt, auf geeignete Träger projiziert. Menschen, die ihre eigenen Triebwünsche anderen unterstellen, deuten oft völlig harmlose Verhaltensweisen als sexuell motivierten Ausdruck. Da kann eine Person noch so arglos angesprochen werden, schon fühlt sie sich sexuell belästigt. Frederic kam einmal erschüttert nach Hause und erzählte, er habe einer Frau, mit der er zusammen im Lift war, helfen wollen, die schweren Einkaufstüten hinauszutragen. Sie zischte ihn an, ohne ihn anzuschauen: «Lassen Sie das! Sie sind auch so *einer*!» Es ist ihr Film. Sie spult ihn immer wieder neu ab, ohne zu bemerken, dass sie den Film in ihrem Kopf trägt und sich vielleicht wünscht, endlich auch mal von einem Mann angesprochen zu werden. Die Männer, denen sie begegnet, dienen ihr als Breitleinwand für ihre Fantasie.

Bei Generalisierungen lohnt sich immer wieder ein Innehalten, verbunden mit der Frage, ob denn die betreffenden Aussagen nicht ausschließlich mit unserer ganz persönlichen Wahrnehmung zu tun haben: «Alle Männer wollen ja nur das ‹Eine›», «Alle Frauen sind Nutten.» Die ganze Gesellschaft hat eigentlich «nichts anderes» im Kopf. Und als Krönung: «Allen geht es nur um Geld und Sex.» Was so viel heißt wie: *Ich* bin ausschließlich an Geld interessiert und denke unentwegt an Sex.

Mit uneingestandenen aggressiven Impulsen haben viele Frauen ebenfalls Mühe. Deshalb werden sie erfolgreich auf andere übertragen. Fernsehsendungen und Zeitungsartikel, in denen Gewalt thematisiert wird, erfreuen sich in der Öffentlichkeit besonderer Beliebtheit. Wer in der Zeitung nach Unglücksfällen und Verbrechen fahndet, befriedigt damit eine innere Tendenz. Es ist eine wohlgelittene Möglichkeit, sich von Gewalttätigkeiten aller Art zu distanzieren und sich doch damit zu beschäftigen. Auf diese Weise können eigene Gewaltimpulse erfolgreich abgewehrt werden. Jedes Mal, wenn wir uns darüber beklagen, wie grausam die Welt ist, lassen wir etwas vom eigenen Destruktionsdruck ab.

Auch eine Frau wie Alice Schwarzer, die kein Blatt vor den Mund nimmt und mit unübertrefflicher Klarsicht Unterdrückungsmechanismen analysiert, unermüdlich anmahnt und die Dinge beim Namen nennt, ist keineswegs nur Objekt männlicher Attacken. Die männlichen Attacken folgen einem typisch männlichen Verhalten, Dominanz zu signalisieren und sich über diese Frau zu stellen, indem sie versuchen, sie lächerlich zu machen, sie nicht ernst zu nehmen, um sie außer Gefecht zu setzen. Bei weiblichen Angriffen lässt sich ein anderes Muster feststellen. Da geht es nicht um Dominanz, sondern um Entwertung. Da frauenfeindliche Frauen grundsätzlich mit sich selbst im Unfrieden leben und sich unbewusst selbstwertschwach fühlen, projizieren sie den eigenen Unwert auf andere Frauen und entwerten diese mit einer kaum vorstellbaren Leidenschaftlichkeit. Sich mit so viel engagierter Gehässigkeit gegen andere Frauen zu richten, lässt einen abgrundtiefen, auf andere verlagerten Selbsthass vermuten. Wer derart undifferenziert Entwertungen vornimmt, steht unter großem Handlungsbedarf, um dem Druck des eigenen Unwertes zu entkommen.

Für den Mann gibt es keinen Grund, andere Männer durch Entwertung zu demontieren. Die meisten Männer kennen das Problem mangelnden Selbstwertgefühls nicht. Sie sind dank ihres Geschlechts auf der Siegerseite. Deshalb können sie ruhig in einer Kritik sachlich bleiben und müssen nicht jede Gelegenheit nutzen, den Geschlechtsgenossen seiner Würde zu berauben, um sich selbst ein bisschen besser zu fühlen.

Das Problem der Entwertung von Frauen durch andere Frauen lässt sich nicht einfach durch eine grundsätzliche Solidarität lösen, wie so oft gefordert wird. Sich solidarisch mit einer Gruppe zu fühlen, setzt Gemeinsamkeiten voraus. Genau das aber fällt vielen Frauen schwer. «Mir gehen die Weiber auf die Nerven, wie soll ich mich solidarisch zu einer Gruppe bekennen können, mit der ich nichts zu tun haben will!», sagt eine 35-jährige Volkswirtin, die sich selbst nicht ausstehen kann.

Im beruflichen Umfeld entstehen kaum weibliche Seilschaften, in denen Frauen einander durch dick und dünn von einer Karrierestufe zur nächsten behilflich sind und sich gegenseitig fördern. Ganz zu schweigen davon, dass eine Karrierefrau einer weniger Erfolgreichen die Steigbügel hält. Männerkarrieren funktionieren weitgehend aufgrund gegenseitiger Förderung. Wir kennen die *Vettern*wirtschaft, aber wir kennen keine *Basen*wirtschaft. Sich gegenseitig zu unterstützen und zu fördern, ist leider unter Frauen weniger verbreitet, einerseits weil viel zu wenige Frauen überhaupt dazu in der Lage sind, dank ihrer eigenen Position einer anderen behilflich zu sein, und andererseits weil sich die Unterstützungsfreude in Grenzen hält.

Mangelnde Solidarität ergibt sich auch dadurch, dass es nur eine geringe Zahl von Frauenrollen gibt und viel zu wenige individuelle Abweichungen. Wer Solidarität von Frauen fordert, sollte zuerst Toleranz postulieren, damit sich Frauen endlich in ihrer persönlichen Vielfalt erleben können, ohne sich nach irgendwelchen vorgegebenen Schablonen zu richten. Wenn jede Einzelne erfährt, dass sie in ihrer individuellen Eigenart respektiert wird, wächst auch die Bereitschaft zur Solidarität. Und damit schließt sich der Kreis: Wer selbst respektvoll mit sich umgeht, seine Wünsche und Bedürfnisse ernst nimmt, wird es auch mit anderen so halten.

Zurück zur eigenen Würde

Wir kehren zurück zu dem Wurzelwort des christlichen Abendlandes: «Liebe deinen Nächsten wie dich selbst.»

Sich selbst zu lieben ist eine Kunst. Selbstliebe hat etwas mit Dankbarkeit zu tun, mit einem tiefen Einverständnis. Ich will das Geschenk des Lebens lieben und mit viel Sorgfalt Unbill und Leiden fernhalten. Sich selbst zu lieben ist das Halleluja unter der Dusche, ein Dankesgruß an die Schöpfung. Wer sich selbst nicht liebt, kann auch andere nicht lieben. Wer an sich selbst das Wunder des Lebens nicht staunend und dankbar erkennt, geht auch mit dem Leben anderer achtlos um. Die Selbstliebe ist die Voraussetzung, überhaupt lieben zu können. Wenn du das nicht hinkriegst, funktioniert überhaupt nichts.

Gut – wenn es dich dann gelüstet und du kurz vor der Vollkommenheit stehst, kannst du dein Selbst wieder etwas Größerem opfern, dein Selbst in kleine Fläschchen abfüllen und es unter den Bedürftigen verteilen. Aber wenn du niemals ein Selbst besessen hast, was zum Teufel willst du dann überhaupt verschenken?

Also fang lieber heute als morgen damit an. Mach dir ein Bild davon, wie du gerne sein möchtest, welches Ziel du anpeilen willst. Entwirf Visionen von deinem zukünftigen Leben. Falls dir nichts einfallen sollte, stell dir vor, es käme eine Wunschfee vorbei und sagte: «Du hast drei Wünsche frei!» Schreibe sie schnell auf, lieber zehn Nummern zu groß als eine zu klein. Ein indianisches Sprichwort sagt: «Träum deine Träume groß genug. Bis sie auf der Erde ankommen, sind sie eh kleiner geworden.»

Solltest du noch immer davon träumen, Model werden zu wollen, überdenke dieses Ziel nochmals und korrigiere es möglichst schnell. Damit du die bulimischen Vorbilder aus dem Hirn verjagst, denn sonst findet nichts anderes Platz. Bilder haben eine große Kraft, und es wäre wirklich schade, wenn du dich dank deiner eigenen Vision kotzend über der Kloschüssel wiederfändest. Visionen und Ziele haben nichts mit Stilberatung zu tun, mit Sommer- und Winterfarben und dergleichen. Es geht hier nicht um die Verpackung, sondern um den Inhalt. Wenn du dich ständig mit kosmetischen Fragen beschäftigst, schrumpft dein Gehirn irgendwann auf die Größe einer Puderdose zusammen. Das wäre schade! Da wir ohnehin nur ein Drittel unserer Gehirnzellen nutzen, würdest du dich noch freiwillig weiter reduzieren. Entwickle Visionen und Ziele, welche Fähigkeiten und Talente du zur Entfaltung bringen willst. Denn wer sein Ziel nicht kennt, lässt sich leicht für fremde Zwecke einspannen. Wer die eigenen Ziele vergessen hat, hält plötzlich Anliegen anderer für seine eigenen. Wenn du dich nicht auf dich, deine Intelligenz und deine Kreativität zurückbesinnst, kann es sein, dass du denkst, dein Lebensziel bestehe darin, das männliche Auge zu erfreuen und dafür zu sorgen, dass sich die Herren durch dich sexuell ausreichend stimuliert fühlen.

Häng ebenfalls möglichst schnell den Traum vom Prinzen an den Nagel. Gib die Sehnsucht auf, dass da einer kommt und dich heimführt in sein Schloss. Dies sind keine Ziele, sondern Hirngespinste, die dich von deinen Fähigkeiten ablenken und daran hindern, auf dich selbst zu bauen und deine eigene Kompetenz zu erforschen und zu entwickeln.

Versuche möglichst oft, den Ort deiner Mitte in dir selbst aufzusuchen; du weißt schon, die innere Ofenbank. Wenn du vergessen hast, wie du dahin kommst, richte dich einfach nach den Kieselsteinen, die du überall platziert hast, dann findest du den Weg. Setze dich hin und lasse dich ergreifen vom Wunder, dass du lebst. Breite die Flügel deiner Seele weit aus und lasse dich von dem Glücksgefühl durchströmen, endlich in deiner Heimat angekommen zu sein.

Aber vergiss bei all dem Hochgefühl nicht, deine Stromrechnung zu bezahlen, sonst ist es damit bald vorbei. Dem Wunder des Lebens auf der Spur zu sein und es zu genießen heißt nicht, sich von einer esoterischen Welle in die rosa Wolken hinauftragen zu lassen und dabei immer unfähiger zu werden, das Leben zu bewältigen. Im Gegenteil. Je mehr du deine Mitte erspüren kannst, umso klarer werden dir deine Aufgaben, die du immer besser zu meistern in der Lage bist. Und falls dich deine Lebenssituation in die Notlage gebracht hat, auf die Unterstützung durch Sozialhilfe angewiesen zu sein, setze alles daran, um dich möglichst schnell wieder aus der Falle Abhängigkeit befreien zu können. Du hast alles, was nötig ist, um selbstverantwortlich und selbstbestimmend dein Leben zu gestalten. Solange du dich von Vater Staat unterstützen lässt, bist du voll und ganz das unmündige Kind eines patriarchalen Systems. Und wenn es im Moment nicht anders geht, weil du drei kleine Kinder hast und der Erzeuger auf und davon ist, dann ist es wichtig, sich immer wieder klarzumachen, dass es sich um eine vorübergehende Notsituation handelt. Die Gefahr besteht nämlich, dass wir uns daran gewöhnen, dass andere für uns zu sorgen haben – und das ist unter deiner Würde. Mache dich auf die Socken. Und wenn du nicht weißt, wohin, dann sprich mit anderen Frauen darüber, die auch nicht wissen, wo es langgeht. Aber irgendeine von ihnen wird eine gute Idee haben und in dir den Funken entzünden. Denn eines ist sicher: Es gibt nichts Schöneres, als selbst zu bestimmen, wohin die Reise gehen soll.

Und es gibt tatsächlich nichts Aufregenderes, als sich selbst zu entdecken und seine Fähigkeiten, Begabungen und Talente zu entfalten. Du stehst plötzlich vor einer Schatulle voller Juwelen und bist erschüttert, dass du völlig vergessen hast, welcher Reichtum dir zur Verfügung steht. Nütze ihn! Frage dich, was dein Gemüt in Schwingung bringt, was dein Herz erfreut, was deine Seele öffnet. Und dann versuch den schöpferischen Impuls, gekoppelt mit der vorwärtsstrebenden Energie, umzusetzen. Und gib nicht eher auf, bis du eine Ausdrucksmöglichkeit dafür gefunden hast.

Und solltest du einmal mehr vergessen haben, was alles in dir steckt, dann lies die Worte von Marianne Williamson «A Return to Love», die Nelson Mandela anlässlich seiner Antrittsrede zum Präsidenten von Südafrika im Jahre 1994 an sein Publikum richtete – besser noch, du lernst sie auswendig, damit sie dir nie mehr abhandenkommen.

Unsere tiefste Angst ist nicht, dass wir unzulänglich sind.
Unsere tiefste Angst ist, dass wir über die Maßen kraftvoll
    sind.
Es ist unser Licht – nicht unsere Dunkelheit,
was uns am meisten erschreckt.

Wir fragen uns: Wer bin ich,
um brillant, großartig, talentiert und kraftvoll zu sein?
Frage dich lieber:
Was machst du eigentlich, um all das nicht zu sein?

Du bist ein Kind Gottes.
Dass du dich klein machst, rettet die Welt nicht.
Es wird nichts klarer, wenn du dich duckst,
damit sich andere nicht verunsichert fühlen.

Wir wurden geboren, um den Glanz Gottes,
der in uns ist, offenkundig zu machen,
Dieses Licht, das in allen von uns ist –
wenn wir es leuchten lassen, geben wir anderen,
ohne es zu wissen, die Erlaubnis, dasselbe zu tun.

Anmerkungen

1 Christa Mulack, Das Mädchen ohne Hände. Wie eine Tochter sich aus der Gewalt des Vaters befreit. Zürich 1995.

2 Bärbel Wardetzki, Narzissmus. Der Hunger nach Anerkennung. München 2003.

3 Regula Stämpfli, Die Vermessung der Frau. Von Botox, Hormonen und anderem Irrsinn. Gütersloh 2013.

4 Julia Onken, Rabentöchter. Weshalb ich meine Mutter trotzdem liebe. München 2011.

5 Julia Onken, Im Garten der neuen Freiheiten. Ein Reiseführer für die späten Jahre. München 2015.

6 Verena Kast, Abschied von der Opferrolle. Freiburg 2003.

7 Richard Bandler und John Grinder, Reframing. Ein ökologischer Ansatz in der Psychotherapie. Paderborn 2005.

8 Inge Stephan, Das Schicksal der begabten Frauen. Im Schatten berühmter Männer. Stuttgart 2000. – Luise Pusch und Sibylle Duda, Wahnsinns Frauen. Berlin 2000.

9 Benita Cantieni, Tiger Feeling garantiert. Berlin 2000.

10 Hermann Weidelener, Lebensdeutungen aus der Weisheit der Sprache. Augsburg 1997.

11 Hubert Schleichert, Wie man mit Fundamentalisten diskutiert, ohne den Verstand zu verlieren. München 2001.

12 Sonntagsblick, 6. August 2017.

13 Stefan Bollmann, Frauen und Bücher. Eine Leidenschaft mit Folgen. München 2015.

14 Mathias Jung und Julia Onken, Liebes-Pingpong. Was Mann und Frau voneinander lernen können. München 2010.

15 Susan Sontag, Tagebücher 1964–1980. München 2013.

16 Eva Gesine Baur, Einsame Klasse. Das Leben der Marlene Dietrich. München 2017.

17 Renate Daimler, Diana & Sisi. Zwei Frauen – ein Schicksal. Wien 1998.

18 Verena Kast, Paare. Wie Phantasien unsere Liebesbeziehung prägen. Freiburg 2015.

19 Richard Fester, Marie E. P. König, Doris F. Jonas, A. David Jonas, Weib und Macht. Fünf Millionen Jahre Urgeschichte der Frau. Frankfurt a. M. 1979.

20 Erich Fromm, Robert Briffaults Werk über das Mutterrecht. Kindle Edition 2016.

21 Gerda Lerner, Die Entstehung des Patriarchats. Frankfurt 1997. – Carola Meier-Seethaler, Ursprünge und Befreiungen. Eine dissidente Kulturtheorie. Stuttgart 2011. – Uwe Wesel, Der Mythos vom Matriarchat. Über Bachofens Mutterrecht und die Stellung von Frauen in frühen Gesellschaften vor der Entstehung staatlicher Herrschaft. Frankfurt a. M. 1999.

22 Stefan Bollmann, Frauen, die lesen, sind gefährlich und klug. Berlin 2014.

23 Roger Schawinski, Ich bin der Allergrößte. Warum Narzissten scheitern, Zürich 2016. – Elisabeth Badinter, Die Identität des Mannes. Seine Natur, seine Seele, seine Rolle. München 1997.

24 Julia Onken, Rabentöchter. Warum ich meine Mutter trotzdem liebe. München 2011.

25 Maya und Julia Onken, Hilfe, ich bin eine emanzipierte Mutter. München 2006.

26 Der Spiegel, Ausgabe 28/2017.

27 Verena Kast, Abschied von der Opferrolle. Das eigene Leben leben. München 2003.

28 Anne-Sophie Keller, Yvonne-Denise Köchli, Iris von Roten, Eine Frau kommt zu früh – noch immer? Zürich 2017.

29 Renate Daimler, Diana & Sisi. Zwei Frauen – ein Schicksal. Wien 1998.

30 Julia Onken, Die Kirschen in Nachbars Garten. Von den Ursachen fürs Fremdgehen und den Bedingungen fürs Daheimbleiben. München 1997.

31 Senta Trömel-Plötz, Gewalt durch Sprache. Frankfurt a. M. 1997.

32 Achim Haug, Das kleine Buch von der Seele. München 2017.

33 Die Mystikerin Marguerite Porete. Ausgewählt und eingeleitet von Gerhard Wehr. Wiesbaden 2014.

34 Holdger Platta, Identitäts-Ideen. Zur gesellschaftlichen Vernichtung unseres Selbstbewusstseins. Gießen 2002.

35 Herman Weideleder, Lebensdeutungen aus der Weisheit der Sprache. Augsburg 1996.

36 Bärbel Wardetzki, Weiblicher Narzissmus. Der Hunger nach Anerkennung. München 2007.

37 Rose Menzer, Wort und Mensch. Vom heilenden Umgang mit Laut und Sprache. Augsburg 1996. – Rose Menzer und Arnold Mußhake, Das Wort als Lebensquelle. Augsburg 2010.

38 Carl R. Rogers, Entwicklung der Persönlichkeit. Psychotherapie aus der Sicht eines Therapeuten. Stuttgart 2016.

39 Michel Onfray, Anti-Freud. Die Psychoanalyse wird entzaubert. München 2011.

40 Luise F. Pusch, Schwestern berühmter Männer. Zwölf biographische Porträts. Frankfurt a. M. 2002.

41 Gerald Hüther, Was wir sind und wie wir sein könnten. Ein neurobiologischer Mutmacher. Frankfurt a. M. 2013. – Eckhart Ruschmann, Weltanschauungen und Gottesbilder. Reflexionen für (und von) Laienphilosophen. Bielefeld 2012.

42 Virginia Satir, Paula Englander-Golden, Sei direkt. Der Weg zu freien Entscheidungen. Paderborn 1994.

43 Nicky Marone, Gute Väter – Selbstbewusste Töchter. Die Bedeutung des Vaters für die Erziehung. Frankfurt a. M. 2000. – Mathias Jung, Töchter und Väter – so nah und doch so fern. Hamburg 2014. – Julia Onken, Vatermänner, ein Bericht über die Vater-Tochter-Beziehung und ihren Einfluss auf die Partnerschaft. München 2016. – Hildegunde Wöller, Vom Vater verwundet: Töchter der Bibel, Hamburg 1991.

44 Sigmund Freud, Vorlesungen zur Einführung in die Psychoanalyse. Frankfurt a. M. 1990. Vgl. Anna Freud, Das Ich und die Abwehrmechanismen. Frankfurt a. M. 1984.

45 Antje Schrupp, Was wäre wenn? Über das Begehren und die Bedingungen weibliche Freiheit. Sulzbach 2009. – Libreria delle donne di Milano, Wie weibliche Freiheit entsteht. Eine neue politische Praxis. Berlin 2001.

46 Antje Schrupp, Affidamento. Oder: Warum (und wann) Beziehungen zwischen Frauen die Grundlage weiblicher Freiheit sind. Vortrag am 27. August 2005 beim Beginentreffen in Bielefeld und am 4. Juni 2007 in der Kreativ-Werkstatt Frankfurt am Main; *www.antjeschrupp.de/affidamento*.

47 Elisabeth Badinter, Die Identität des Mannes. München 1993.

176 Seiten. Klappenbroschur
ISBN 978-3-406-68422-7

Julia Onken hat einen klugen Reisebegleiter durch die
unbekannte Landschaft der späten Jahre geschrieben. Statt
Versprechungen zu machen, zeigt sie auf, wie es gelingen
kann, zu einem guten Einverständnis mit dem eigenen Leben
und sich selbst zu kommen.

«Zeigt, wie das Alter auch neue Wege
zu sich selber eröffnen kann.»
Neue Luzerner Zeitung

VERLAG C.H.BECK